SIMON &
SCHUSTER
LIBROS EN
ESPAÑOL

EXITO LATINO

Secretos de 100 Profesionales Latinos de Más Poder en Estados Unidos

Augusto Failde
y William Doyle

SIMON & SCHUSTER
LIBROS EN ESPAÑOL

SIMON & SCHUSTER
LIBROS EN ESPAÑOL
Rockefeller Center
1230 Avenue of the Americas
New York, NY 10020

Diseño de Irving Perkins Associates

Impreso en Estados Unidos de America

10 9 8 7 6 5 4 3 2 1

Datos de catalogación de la Biblioteca de Congreso: puede
solicitarse información.

ISBN 0-684-82629-1

AGRADECIMIENTOS

QUEREMOS expresar nuestro agradecimiento al gran número de profesionales, empresarios y ejecutivos latinos en todo Estados Unidos que encontraron el tiempo necesario en su agitada agenda para compartir sus impresiones con nosotros. Ellos son la imagen del éxito latino en Estados Unidos hoy en día. Sólo lamentamos no haber podido incluir más en nuestro libro.

En la vida hay gente con visión y luego están los otros. Nuestro editor en Simon & Schuster, Fred Hills, demostró tal visión en este proyecto que estamos seguros que debe haber sido latino en alguna vida previa. Nuestro agradecimiento a Fred y a Carolyn Reidy, presidente de Simon & Schuster, por haber apoyado la idea y hacer que este libro se convierta en realidad.

También queremos agradecer a nuestro agente Mel Berger de la Agencia William Morris en Nueva York, y a Padre Biglin, Brian Maloney, Ivan Lugo, Walmer Bravo, Joe y María Kennedy, Lily Numeyer, Vita Morales, Ed, David y Pam de Coudert Brothers y a Caroline Downing de A Steno Service.

Dedicamos este libro:

a Cristina García-Montes (1959–1993) "quien me escuchó cuando nadie más lo hacía",

a nuestras familias: Papa Mendicoa, Ninetta, Aland, Juancy, Arlene, Ortelio, Gisela, Gelcy, Bill, Marilou y Kate,

y a los millones de profesionales latinas y latinos—maestros, doctores, ingenieros, obreros de la construcción, amas de casa, policías, empresarios y ejecutivos, estudiantes, padres y abuelos—que están transformando a Estados Unidos.

ÍNDICE

que creas y la forma en que presentas tus ideas pueden ser tan importantes como su contenido.

INTRODUCCIÓN

DESDE que tengo memoria, mis padres han tratado de ayudarme a entender las lecciones de la vida usando dichos transmitidos de una generación a otra. Uno de esos dichos, "Los niños y los locos siempre te dirán la verdad", explica el origen de este libro.

Una tarde no muy distante llevé a mi hermano Aland, de doce años, a ver la película *El Fugitivo*. Esa misma mañana Aland y mis padres mantuvieron una agitada discusión sobre la necesidad de dominar el español además del inglés, no sólo para poder comunicarse con ellos, sino para mantenerse en contacto con sus raíces y agregar otro idioma a sus conocimientos, lo que le otorgaría una ventaja importante para el futuro.

"¿Y para qué necesito aprender español?", me preguntó Aland a la salida del cine. "Las únicas personas que lo hablaban en la película eran un limpiador y un preso." Tenía razón. Su comentario me molestó bastante, y por eso decidí buscar libros sobre latinos de gran éxito en Estados Unidos.

Pocas semanas más tarde me encontré con mi amigo Bill Doyle en la cocina para los más necesitados de Times Square en Nueva York, donde ambos trabajamos como voluntarios. Bill conoce a Aland y accedió acompañarme a visitar librerías. Fuimos de un lado a otro, buscando por toda la ciudad inútilmente. No encontramos nada.

Unas semanas después me senté a mirar uno de mis programas preferidos en la televisión, una serie llamada *Ellen*. El episodio comenzaba presentando a un nuevo personaje, una mujer latina. "¡Qué bien!", pensé, "una latina en una de las mejores series de TV Americana". Mi alegría pronto se convirtió en disgusto y frustración. A pesar de la poca cantidad de personajes latinos en la televisión y un clima social que supuestamente ofrece una nueva sensibilidad cultural "políticamente correcta", el programa logró combinar seis rasgos negativos en un solo personaje, a saber:

- una latina que no habla inglés;
- una latina que es una "mujer fácil";
- una latina que es una inmigrante ilegal;
- una latina que es una extorsionista;
- una latina que cruza la frontera ilegalmente con su numerosa prole;
- una latina en la que no se puede confiar;

El programa ofrecía sólo una de las más recientes versiones negativas para agregar a la larga lista de imágenes insultantes de los latinos en Estados Unidos. De hecho, las imágenes positivas de los latinos en los medios más populares de Estados Unidos son prácticamente inexistentes. Las pocas veces que aparecemos en la pantalla, es para interpretar, por lo general, a asesinos, convictos, narcotraficantes, miembros de pandillas callejeras, prostitutas e "inmigrantes ilegales". De acuerdo a un estudio realizado por el Centro de Medios y Relaciones Públicas del Consejo Nacional de la Raza en EE.UU.:

- Los hispanos sólo representan el 1 por ciento de todos los personajes que aparecen en la programación televisiva de mayor popularidad en Estados Unidos
- Los hispanos aparecen en la televisión interpretando

personajes considerados violentos o negativos en más
del doble de ocasiones que los negros y los blancos
• Los personajes hispanos que aparecen en televisión
tienen cuatro veces más posibilidades de cometer un
crimen que los negros o los blancos

Sonó mi teléfono. Era Bill, que estaba mirando el mismo
programa. Ninguno podía creer lo que veíamos en la pantalla. Al final de la conversación nos pusimos de acuerdo en
crear un libro para publicar lo que los medios de communi-
cación raramente nos muestran—las experiencias y conceptos del gran número de latinos y latinas exitosos que cada
día contribuyen enormemente a la sociedad norteamericana.

La explosión latina

*El aumento del número de residentes hispanos
en Estados Unidos confirma su resurgimiento,
conformando la minoría étnica predominante en
el país por primera vez en más de 400 años, décadas antes que los colonos ingleses llegaran a
Jamestown, en Virginia.*

The New York Times, 9 de octubre de 1994

En estos momentos, a lo largo y ancho de Estados Unidos,
algo extraordinario está ocurriendo.* De Miami a Los Ánge-
les, de Nueva York a Houston, de Chicago a Dallas, San

---

* FUENTES

El Centro de Censos de EE.UU.
Aspen Institute, "Handsome Dividends, A Handbook to Demystify the
    U.S. Hispanic Markets", 1990.

Diego, Phoenix y miles de sitios en el camino, millones de latinos están creando una ola de expansión comercial y cultural que se acelerará en la década de los 90 y en los años siguientes.

- *Hay 28 millones de latinos en Estados Unidos,* conformando el 10 por ciento de la población y con un poder adquisitivo acumulado que llega los 220 mil millones de dólares. El poder de consumo de los latinos será más que duplicado en los próximos seis años.

- *La población latina está creciendo a un ritmo ocho veces mayor que el resto de la población en Estados Unidos.* Para el año 2000, la población latina en Estados Unidos llegará a los 34 millones, y los latinos se convertirán en la minoría étnica más numerosa para el año 2010, cuando la población alcance los 42 millones.

- *El número de comercios registrados a nombre de dueños latinos pasó de 250.000 en 1987 a 720.000 en 1995.*

- *Muchos latinos son bilingües y biculturales,* combinando un gran orgullo en sus raíces con el enorme deseo de triunfar participando en la cultura general de Estados Unidos. Aunque muchos latinos viven en hogares bilingües y prefieren hablar español en casa, la mayoría de los latinos pueden hablar inglés.

- *A mediados de 1994, el periódico* The Wall Street Journal *escribió sobre la emergencia de la "América Latina",* un nuevo segmento demográfico en Estados Unidos concentrado en Nueva York, Miami, Chicago, y el

---

SRC 1991 Market Study.
DRI-McGraw-Hill, "The Use of Spanish in the Home: Analysis and Forecast to 2010", septiembre de 1993.
1994 Univisión-McGraw-Hill Study.
Hispanic Magazine, julio de 1994; *Hispanic Business,* abril de 1994.
Advertising Age, 24 de enero de 1994.
The Wall Street Journal, 21 de julio de 1994.
Adan Trevino, CEO, United States Hispanic Chamber of Commerce, conferencia de prensa, 9 de junio de 1994.

Sudoeste norteamericano que representa un "paso gigante en cuanto a logros", y que "recibirá una educación universitaria y ascendiente en la sociedad".

EL PANEL DE EJECUTIVOS LATINOS

EN la vanguardia de esta floreciente "revolución cultural" están los rostros latinos que rara vez muestran los medios norteamericanos: los millones de profesionales que están transformando a la sociedad de Estados Unidos. Aunque muchos de nosotros y nuestros hijos competirán en el mundo de los negocios, nuestro contacto y acceso a los profesionales latinos y latinas de éxito a menudo es muy limitado. Ellos conforman una fuente generosa y poco consultada para obtener consejos prácticos sobre el éxito en Estados Unidos.

Realizamos una serie de entrevistas en profundidad con un panel formado por los cien ejecutivos y empresarios de mayor éxito en Estados Unidos. Citamos a más del 75 por ciento en las páginas a continuación.

Los identificamos usando fuentes como el *Who's Who among Hispanic Americans, Hispanic Business, Hispanic Magazine, The Wall Street Journal, Fortune, Business Week* y *Forbes*, además de referencias que nos dieron los propios panelistas. El panel incluye ejecutivos y empresarios del *Hispanic Business* Corporate Elite del "500 Largest Hispanic-Owned Business Reports", de la lista de la revista *Fortune* sobre las quinientas empresas industriales de mayor importancia y de la lista de la misma publicación sobre las cien empresas de más rápido crecimiento.

Algunos de los panelistas tienen títulos universitarios; muchos de ellos no. El panel representa un amplio espectro de latinos, hombres y mujeres cuyos orígenes se remontan a México, Puerto Rico, Cuba, República Dominicana, América Central, América del Sur, África y España. Provienen de familias que residen en Estados Unidos desde hace diez generaciones, y otros de familias que recientemente se instalaron en el país.

Son residentes de Nueva York, Los Angeles, Miami, Texas, Arizona, Chicago, San Francisco, Denver, Nueva Jersey, Boston, Kansas City, Ohio y un gran número de ciudades y estados en el Noroeste, Centro, Sur, Suroeste y California. Estos son presidentes de empresas, vicepresidentes ejecutivos, directores, gerentes y dueños de pequeñas empresas. Trabajan para compañías como Reebok, AT&T, McDonald's, Ford, CBS, Seagram's, Citibank, Motorola, American Express, Colgate y Nestlé, además de las empresas hispanas más importantes.

Durante un año, los visitamos en sus oficinas, salas de reuniones y fábricas además de consultarlos por teléfono. Les preguntamos:

- ¿Cuáles son los **conceptos sobre el éxito** más importantes que han aprendido?
- ¿Cuáles han sido las **sorpresas más grandes** en sus carreras?
- ¿Qué conceptos han desarrollado en las siguientes áreas:
  —**administración de personal:** jefes, clientes, mentores
  —**la gestión de su carrera:** objetivos, errores y fracasos?
- ¿Quiénes han sido **los mejores y los peores jefes** que han tenido y qué lecciones les dejaron?
- ¿Cuál fue **el mejor día de su carrera?** ¿Y el **peor**? ¿Qué aprendieron?
- ¿Qué **conceptos y experiencias** pueden compartir que sean de especial interés para la audiencia latina.

LOS RESULTADOS

Con frecuencia oímos hablar sobre las diferencias entre los diversos grupos latinos en Estados Unidos: "Los mexicanos son muy diferentes a los cubanos"; "Los puertorriqueños son muy diferentes a los mexicanos", y otras expresiones de ese tipo. Pero si bien provenimos de una variedad de culturas y experiencias, nuestras entrevistas revelaron un gran número de coincidencias: los valores que compartimos, el orgullo que sentimos por nuestros orígenes y las ventajas lingüísticas, la ambición de lograr el éxito para nuestras familias y la experiencia compartida de aspirar al "Sueño Americano".

Les pedimos a nuestros panelistas que hablen con la mayor sinceridad, que discutan abiertamente sobre los obstáculos, fracasos, frustraciones, victorias y triunfos en su camino hacia el éxito en Estados Unidos. Por momentos nos soprendió su honestidad, en especial cuando algunos hablaron sobre el racismo y los prejuicios que encontraron en su camino, comentarios que incluimos en varias secciones del libro bajo el título "Confidencialmente", en las cuales decidimos no revelar la identidad (ni el nombre) de los entrevistados para proteger su anonimidad.

Ofrecemos breves biografías de los miembros del panel cuando sus comentarios se citan por primera vez (el índice de las biografías está al final del libro). Cuando otras observaciones del mismo experto aparecen en otras partes del libro, aquél se identificará solamente por nombre, título, y afiliación. Como se puede esperar cuando se trata de un grupo tan diverso, las opiniones no coinciden en varias ocasiones. De hecho, es muy posible que usted no esté de acuerdo con muchas de las opiniones ofrecidas. Sin embargo, en el curso de las entrevistas, el mensaje principal emergió con claridad de cada uno de los entrevistados:

Las virtudes y los valores que más nos identifican como latinos—la familia, el orgullo, el coraje, la pasión, la compasión, la ventaja lingüística, la lealtad, la sensibilidad cultural, la adaptabilidad—son precisamente las mismas virtudes y valores necesarias para alcanzar el éxito en Estados Unidos hoy en día.

Hemos dividido este mensaje en siete "Conceptos del éxito latino".

SECRETOS DEL ÉXITO LATINO

Secreto 1. Los Consejos.

Secreto 2. Allanar el Campo de Juego

Secreto 3. Tremenda Ventaja

Secreto 4. Imagen

Secreto 5. Nunca Temas Fracasar

Secreto 6. Orgullo

Secreto 7. Sigue Tu Camino

Estos secretos, que usamos como títulos de las secciones del libro que siguen a continuación, resumen individual y colectivamente cómo los miembros del panel de ejecutivos latinos llegaron a donde hoy se encuentran—y lo que aprendieron en el camino. Son casos verídicos, de luchas y triunfos de personas que han seguido diversos caminos hacia el éxito, y terminaron aprendiendo muchas de las mismas lecciones.

Esperamos que sus conocimientos te ayuden en tu propio camino, y te recuerden que la imagen del éxito en Estados Unidos es la nuestra.

Y finalmente, creemos que los lectores encontrarán particularmente útil la información que ponemos a su disposición en la sección final del libro. Basados en una encuesta a nivel nacional de ejecutivos en todo Estados Unidos conducida por la revista *Hispanic,* presentamos una lista de las 100 compañías que ofrecen las mejores oportunidades para la carrera profesional de los latinos.

Augusto Failde
con William Doyle
Nueva York
Primavera de 1996

4 DE JULIO DE 1995
EN LA CASA DE THOMAS JEFFERSON, MONTICELLO,
ESTADO DE VIRGINIA

CUANDO mi familia y yo llegamos a este país, tuvimos que dejar atrás todas nuestras pertenencias. Las fotos de la familia quedaron colgando de las paredes en La Habana. Nuestros regalos de bodas quedaron en los estantes. Todos nuestros bienes materiales... pasaron a ser propiedad del gobierno de la noche a la mañana.

Pero entre el caos dos de mis posesiones más preciadas siguieron siendo mías, sencillamente porque ninguno de los nuevos dirigentes cubanos podía quitármelas.

Primeramente, aunque tuve que dejar mi diploma de la Universidad de Yale—y el diccionario grabado especialmente para la ocasión que recibí como premio por haberme graduado con las mejores calificaciones de mi clase en la secundaria—pude llevarme, a salvo en mi memoria, el significado de ese diploma y ese diccionario.

Aún tenía mi educación.

Y en segundo lugar, aunque la embotelladora de la Coca-Cola en La Habana donde trabajaba fue confiscada, tenía un empleo. Y no era cualquier empleo. Era un empleo con The Coca-Cola Company.

A partir de ese momento—como pueden imaginar—la historia mejora significativamente. Y esa historia—mi historia—se puede resumir en un solo hecho convertido en realidad... el hecho de que un joven inmigrante puede llegar a este país, y que se le ofrezca la oportunidad de trabajar duro y aplicando su talento, hasta que finalmente tenga la oportunidad de dirigir no sólo una gran empresa, sino una institución que simboliza la verdadera esencia de Estados Unidos y sus ideales.

> Roberto C. Goizueta
> Presidente del Directorio y Presidente Ejecutivo,
> The Coca-Cola Company

Extraído de su discurso presentado durante la ceremonia del aniversario de la independencia de EE.UU. en la casa de Thomas Jefferson en Monticello, Estado de Virginia, el 4 de julio de 1995. Luego del discurso, Goizueta se unió a otros 67 nuevos ciudadanos norteamericanos en el jardín de la casa de Jefferson. Mientras juraban lealtad a su nueva patria, él se paró junto a ellos y repitió su juramento como ciudadano de EE.UU.

No podemos pretender logros individuales olvidándonos del progreso y la prosperidad de nuestra comunidad . . . Nuestras ambiciones deben ser lo suficientemente amplias como para abarcar las aspiraciones y las necesidades de los demás, por el bien de ellos y de nosotros.

César E. Chávez
(1927–1993)
Presidente del Sindicato de Trabajadores
Agrícolas de EE.UU.

Siente orgullo en quién eres, en tu cultura, en tu lengua . . . Te irá muy bien y podrás integrarte perfectamente en ambas culturas y en cualquier cultura en este mundo.

Lionel Sosa
Director Ejecutivo
DMB&B Américas

SECRETO 1

LOS CONSEJOS

Es fácil recibir consejos inadecuados por parte de colegas, mentores y hasta tu propia familia. Separa lo bueno de lo malo. No tienes que aceptar la sabiduría convencional en todos los casos.

Mi consejo es, persigue tus sueños con fervor
y nunca aceptes un "no" como respuesta.

Concepcion Lara
Fundadora y Presidente
Mediapolis

NINGÚN miembro de mi familia fue se habia ido de casa para estudiar a la universidad. Jamás. Por eso nunca se nos ocurrió la posibilidad, ni a mí ni a mis padres. Hasta que un día visité al consejero en mi escuela secundaria sobre universidades e investigué todas las posibilidades. Regresé a casa con veinte catálogos y me senté a leer y leer. Cuando vi el catálogo de Stanford University dije, "Quiero ir a esa universidad." Pero mi consejera universitaria me dijo, "No lo intentes. Conozco el caso. Mi hijo no pudo ingresar a pesar de que tenía un promedio de notas excelente y a su novia le ocurrió lo mismo."

Quedé anonadada. Abandoné mi solicitud de ingreso porque pensé que me lo decía una gran autoridad; después de todo ella era una consejera universitaria. Su especialidad era enviar alumnos a la universidad.

Por una vuelta del destino conocí a una profesora latina que visitaba nuestro colegio y me preguntó en qué universidades pensaba estudiar. Le nombré un par de posibilidades que estaba considerando, y también comenté que me gustaría ir a Stanford, pero que la consejera me dijo que ni lo intentara.

Resulta que ella había estudiado en Stanford. Y sugirió que hiciera el intento. Y así lo hice.

Cuando llegó la fecha de recibir las notificaciones confirmando la admisión a la universidad, yo no recibí noticias. Usaba el nombre Connie, un nombre anglosajón que me habían impuesto. María, mi profesora, llamó a Stanford y preguntó si habían admitido a una tal Connie Lara. Le dijeron que no.

Salí al jardín y me senté en el césped. Estaba destrozada. Al rato vino María corriendo y dijo, "Dios mío. Volvieron a llamar y me dijeron que Connie Lara no fue admitida, ¡pero que Concepcion Lara sí!"

Mi alegría duró poco porque mi padre se negó a darme permiso para ir. Pensaba que no había motivos para estudiar en Stanford cuando podía asistir a la universidad local. Fue toda una batalla conseguir su permiso. Y finalmente accedió, en el último minuto.

Mi vida siempre ha estado marcada por una variedad de obstáculos, entre la resistencia que he encontrado y los malos consejos. Pero por otro lado la vida sería muy aburrida sin ellos.

Concepcion Lara es fundadora y presidente de Mediapolis, una empresa basada en Los Angeles que asiste a compañías que ofrecen servicios de cable en mercados internacionales. Anteriormente fue vicepresidente ejecutiva de Twentieth Century Fox. Nació en México, se crió en Los Angeles y es graduada de Stanford University. Comenzó su carrera como gerente del departamento de *marketing* en la HBO y ocupó cargos en esa área en HBO, Disney y Fox.

═══════════════

Tienes que tenerte mucha confianza en ti misma.
¡Tienes que tenerte mucha fe aunque la gente a tu
alrededor te diga que estás loca!

Conchita Espinosa
Fundadora y Presidente
Fru-Veg Sales, Inc.

EL dicho preferido de mi madre era: "Tienes que tener una educación". A los dieciocho años decidí irme de Miami para estudiar en una universidad en Chicago. No éramos ricos, pero mi madre intentó sobornarme, ¡y prometió regalarme un auto si me quedaba en Miami!

Nunca quise clasificarme. El secreto está en nunca pensar en una misma como una "minoría". Cuando comienzas a clasificarte, ahí es cuando puedes convertirte en un obstáculo para tí misma y tu talento: "Ah, no me van a dar el contrato porque soy una mujer o una hispana". Ten la confianza suficiente como para evitar aceptar las clasificaciones.

Conchita Espinosa es fundadora y presidente de Fru-Veg Sales, Inc., una compañía ubicada en el aeropuerto internacional de Miami especializada en importar frutas y verduras de América Latina para empresas de venta al público norteamericanas como A&P, Publix, Acme y Jewels. Nació en Cuba y estudió en Barat, un Colegio del Sagrado Corazón en Chicago. Obtuvo un *master's* en administración pública de Barry University en Miami, y comenzó su carrera expidiendo frutas y verduras para International Multifoods en América Central y del Sur.

━━━━━━━

Éste es el país de las grandes oportunidades. En todos los sitios que visito me convenzo de ese hecho cada vez más. Esa es la gran virtud de este país. Llegamos sin dinero, y si tienes la inteligencia necesaria y estás dispuesto a trabajar, ésta sigue siendo la tierra de las oportunidades.

Antonio Rodriguez
Vicepresidente Ejecutivo
Seagram Spirits & Wine Group

ME crié en Newark, en el Estado de Nueva Jersey, en la sección de la ciudad llamada Ironbound, que es un barrio de inmigrantes. Crecí hablando varios idiomas. Mi padre era un estibador que trabajó mucho y se gastó todos sus ahorros para mandarme a Princeton University. Pero él me recordó que teníamos que saber ganar dinero. "¿Qué piensas hacer para ganarte la vida?", me preguntó.

Le dije que quería estudiar economía, porque era una carrera práctica. Era el curso más adecuado para una carrera en negocios entre los que ofrecía Princeton.

Esa es una situación por la que pasan muchos inmigrantes y sus padres. Es importante obtener el apoyo de los padres. Mi padre nunca tuvo la oportunidad de estudiar. Él sabía que la educación era importante. Pero me preguntó, "¿Qué es un economista? ¿Cuánto ganan por hora?"

Diez años más tarde cuando era vicepresidente de finanzas para Seagram Europe, recibí un cheque de dividendo, le compré un auto nuevo a mi padre y le dije, "¡Esto es lo que gana un economista por hora!"

Entendió lo que quería decir. Al día siguiente fue al trabajo y le dijo a todo el mundo, "¡Miren, mi hijo, el economista!" Mis padres me dieron un apoyo vital, cuando más lo necesitaba.

Cuando egresé de la universidad en 1979 tenía dos ofertas de trabajo—una de New Jersey Electric and Gas, que me ofrecía un salario de 17.000 dólares anuales, y otra de la firma contable Coopers & Lybrand con un salario de 12.000 dólares. Acepté el segundo trabajo porque pensé que sería una experiencia muy útil a largo plazo.

Mi padre dijo, "No entiendo, 12.000 en vez de 17.000, ¿cuál es la ventaja?" Le dije que era importante mantener claro los objetivos, y que todo saldría bien. Al final de cuentas, me demostró su confianza.

Otra situación que ocurre entre las familias de inmigrantes latinos con más frecuencia que entre las familias anglosajonas es que si tienes éxito, el resto de la familia siente cierta presión artificial de ser como tú. Lo noto con mis primos. A veces me siento frustrado. "No soy un caso especial", les digo.

Atribuyo esa actitud al hecho de que en el barrio donde crecí, muy pocos de los jóvenes estudiaron en la universidad. Muchos de ellos no ascendieron social o económicamente al nivel de sus padres.

Mis primos me ven y piensan que tienen que ser como yo. Les digo que no pierdan su tiempo en tonterías. Que sean como son. Y me ofrezco para hablar con sus padres, si quieren, para ayudarlos a disfrutar de la libertad necesaria para poder tomar las decisiones que ellos consideran correctas. Después de todo no tienen por qué seguir el mismo camino que recorrí yo en sólo dos años en el mercado laboral.

Antonio Rodriguez es vicepresidente ejecutivo de planeamiento estratégico de la Seagram Spirits & Wine Group en Nueva York. Es hijo de inmigrantes españoles y nació en Caracas, Venezuela. Tony tiene una licenciatura en economía de Princeton University y un *master's* en administración de empresas de New York University. Comenzó su carrera en la firma contable Coopers & Lybrand. Más adelante trabajó en Philip Morris, e ingresó en Seagram en 1983, en el grupo de planeamiento financiero. En Seagram también ocupó los cargos de director de finanzas para Seagram International, vicepresidente de planeamiento y finanzas para Seagram Europe y director general de finanzas para Worldwide Spirits and Wine.

Mis padres no sabían qué era lo necesario para triunfar en este país.

Adela Cepeda
Fundadora y Presidente
AC Advisory

Todavía no habían pasado por ese proceso. Tenían ciertas limitaciones para aconsejar a sus hijos.

Adela Cepeda es presidente y fundadora de AC Advisory en Chicago, una firma de inversiones para instituciones que provee servicios de consultoría sobre finanzas a clientes municipales y corporativos. Anteriormente fue director gerente de Abacus Financial Group, una firma de inversiones que gestiona un total de 300 mil millones de dólares en activos para clientes institucionales y privados. Nacida en Colombia, recibió una licenciatura en Harvard University y pasó más de una década como banquero inversionista en Smith Barney en Chicago.

===

Provenimos de familias muy conservadoras. A veces puede ser una gran ventaja, pero también nos perjudica.

Linda Alvarado
Presidente
Alvarado Construction, Inc.

Nos enseñan a trabajar duro, respetar las reglas, pagar las cuentas, ir a la iglesia los domingos, y evitar contraer deudas. Pero sin deudas es muy difícil establecer un negocio. Para los hispanos es una cuestión cultural que nos cuesta entender. ¡Es un talento que tenemos que aprender!

Linda Alvarado es presidente de Alvarado Construction, Inc., una empresa constructora basada en Denver, Estado de Colorado, especializada en proyectos comerciales e industriales de gran envergadura como Denver International Airport y Denver Convention Center. También es la primera propietaria hispana de un equipo de béisbol de la liga profesional norteamericana, los Colorado Rockies, y es miembro de la junta de directores en dos empresas de la lista *Fortune* 500: Pitney Bowes y Cyprus Amax Minerals. Proviene de una familia de origen mexicano de Albuquerque, Estado de Nuevo México. Se graduó de Pomona College en California y comenzó en la industria de la construcción como administradora de contratos.

===

Mi madre me enseñó que si no tomas la iniciativa, y te quedas esperando a que te llamen para entrar en acción, siempre quedarás rezagada.

Sara Martinez Tucker
Vicepresidente Nacional
AT&T

Nací en Laredo, Estado de Texas, a unos 94 kilómetros de la ciudad de San Antonio, en la frontera con México. Comencé a trabajar de muy pequeña, a los nueve años, en el almacén de mis padres. Era demasiado pequeña para trabajar de peona, y me sentaban en un taburete detrás de la caja registradora. El nombre de la tienda era, aunque no lo crean, "The Come-'n'-Shop Grocery". Era el negocio de la familia. Nunca olvidaré cuando mi madre me dio un pellizco porque estaba discutiendo con un cliente. Me dijo, "El cliente siempre tiene la razón." Quise hacerle entender que el cliente estaba equivocado. "No, tú no entiendes", me dijo. "Cuando nosotros tenemos la mercadería y ellos tienen el dinero, ellos tienen razón." Se podría decir que mi madre fue mi primera mentora, ¡no tuvo ninguna duda en pellizcarme!

Ahí fue donde comenzó mi vida profesional. Así recibí mi número de seguro social. Mi madre sabía que era buena con los números, y me puso detrás de la caja, registrando las ventas. Pero a medida que crecía comencé a hacer de todo —poner mercancía en los estantes, limpiar el polvo, preparar la carnada para los pescadores y las licencias para los cazadores. Era el negocio de la familia. Y yo hice de todo.

Algo que aprendí en esos días es que puedes esperar a que entre un cliente para ponerte a trabajar, o puedes estar pendiente todo el tiempo para mejorar las cosas. Mi madre me enseñó a establecer un patrón de conducta constante y a buscar la manera de ser innovadora, diferente, para encontrar una fórmula de atender las necesidades de los clientes antes de que entraran al negocio.

Sara Martinez Tucker es vicepresidente nacional de AT&T Global Business Communications Systems basada en San Francisco, Estado de California. Nació y se crió en Laredo, Estado de Texas, y desde los nueve años hasta los dieciocho trabajó en la tienda de sus padres, Come-'n'-Shop. Recibió una licenciatura en periodismo y un *master's* en administración de empresas de la University of Texas en Austin. En 1990 se convirtió en la primera latina en ser promovida a ejecutiva de nivel nacional en AT&T. Es miembro del consejo de la National Hispanic Scholarship Foundation, la AT&T Foundation, la University of Texas Natural Sciences Advisory Council y el Bay Area Council.

Mi padre fue mi mejor jefe. El dirigía dando el ejemplo.

Rafael Garcia
Presidente
Rafael Architects, Inc.

MIS padres nacieron en México, y mi madre vino a Estados Unidos por primera vez a los veintiséis años después de su luna de miel con mi padre. ¡Soy la primera generación de estadounidenses en mi familia!

Toda la familia de mi madre vive en México. Íbamos a visitarlos todos los veranos. Mis padres tuvieron siete hijos. Nos ponían en su camioneta y manejaban desde Kansas City hasta México. Una noche, ya era tarde, nos perdimos en un camino entre Monterrey y el medio de la nada. Yo era el copiloto de mi padre, sentado adelante con él, y el resto de la familia dormía atrás, apretados como sardinas. Estábamos perdidos en el medio de México.

Papá condujo hasta una luz que veía brillar dentro de una casita. Le dije, "Papi, no puedes entrar, están durmiendo."

Él respondió, "Tenemos que comer algo." No habíamos cenado y teníamos que encontrar un sitio donde dormir. Pensé que mi padre se había equivocado de camino en algún momento. Salió del coche y golpeó la puerta. Una señora encendió las luces y salió a la puerta en su bata. Luego de una conversación de cuarenta y cinco segundos nos invitó a entrar. Nos dio de comer y nos invitó a pasar la noche. Fue increíble.

Yo tenía ocho años. ¡Me escondí debajo del tablero del coche con las puertas aseguradas, pensando que iban a matar a mi padre o algo así! No sé qué le dijo mi padre a esa señora. Posiblemente le dijo la verdad.

> *La regla más importante sobre las relaciones interpersonales en este mundo es que hay que saber ser honesto y genuino.*

Mi padre fue un empresario toda su vida. Tenía dos restaurantes, y era un joyero, un hombre humilde que triunfó en la vida por esfueuzo propio, como mi abuelo. Mi padre siempre hizo las cosas a su manera. Creo que nunca ganó más de 15 mil dólares al año para mantener a una familia de nueve personas, pero siempre se las ingenió para poner comida en la mesa, siempre lucíamos bien. Pude ver que él tenía un sistema de valores muy arraigado. Y me dije, si él puede hacerlo, yo también.

Mi padre tuvo una joyería. Recibía fondos del gobierno federal. Ahí trabajábamos mi padre y yo; a veces venía mi madre a ayudarnos a armar los brazaletes. Un día un señor muy grande, y muy enfadado, entró al negocio. Dijo, "¡Le traje este reloj y lo arruinó! Ahora no funciona. ¿Qué clase de porquería me hizo?" Pensé que iba a golpear a mi padre. Me escondí detrás de una pared. Juro que pensé que le iba a dar una paliza. Nunca vi a una persona tan enfadada. Si no fuera por el mostrador que había entre ellos, hubiera sacudido a mi padre por el cuello.

En sólo cinco minutos, mi padre tomó el reloj, lo arregló y se lo devolvió. El hombre le dijo, "Supongo que ahora me va a cobrar." Mi padre le respondió que no pensaba cobrarle nada.

De repente el señor estrechó la mano de mi padre, y se disculpó con una sonrisa. En cinco minutos mi padre cambió la situación completamente. Yo pensé "¿Cómo lo hizo?"

Lo hizo al saber escuchar lo que otra persona trataba de decirle. Sin "aprovecharse" de los sentimientos de esa persona, y demostrando simpatía hacia él. Mi padre sabía respetar los sentimientos de los demás.

Mi padre siempre se sintió orgulloso de sus productos, de su trabajo y de sus actos. Se preocupaba de su trabajo y de sus clientes. Arregló un problema y dijo, "No le voy a cobrar nada. Puse un nuevo resorte. Le pido disculpas por el problema." No dijo, "Me equivoqué", pero dijo, "Le pido disculpas por el problema que tuvo."

El señor se avergonzó por la manera en que trató a mi padre. Se dio cuenta que era una persona especial y se convirtió en uno de nuestros mejores clientes.

Mi padre es la clase de persona capaz de entrar en un ascensor y decirle a un extraño, "Eso le queda muy bien." Tenía una forma especial de expresar lo que sentía porque sabía apreciar a la gente.

Eso me enseñó muchísimo sobre cómo tratar a los demás.

Rafael I. Garcia es presidente de Rafael Architects, Inc., una de las firmas de arquitectos más importantes en Kansas City, Estado de Missouri. Es licenciado en diseño ambiental y en ingeniería arquitectónica y tiene un *master's* en arquitectura de la University of Kansas. Comenzó su carrera como aprendiz a los diecinueve años y fundó su propia compañía en 1987. También fue instructor en el Centro College de la University of Kansas y es presidente de la Cámara Hispana de Comercio de Kansas City.

Es facil para los latinos recibir malos consejos.

Mario Baeza
Presidente
Wasserstein Perella International,
Director Ejecutivo
Operaciones en América Latina
Wasserstein Perella & Company

Conocí a una mujer muy talentosa, una hispana. Estaba a punto de tomar el examen de certificación como abogada, pero los tontos con quienes trabajaba—colegas, compañeros y algunos de los asociados de la empresa—le dijeron, "No te preocupes, no te molestes. Nadie estudia para ese examen. Es muy fácil. Puedes inventar las respuestas." Le pregunté si necesitaba tomarse unos días para prepararse. Ella me respondió que no. Por supuesto que no lo aprobó. Volvió a perder el examen la segunda vez que se presentó. Estaba muy mal. De repente, toda la firma se volvió contra ella. Dejaron de participarla en los proyectos más importantes. Y en cuestión de siete, ocho meses, se fue. El mundo está lleno de malos consejos. Y mi amiga aceptó un mal consejo, algo que es muy fácil de hacer. No sé si esas personas tenían mala intención.

Recuerdo cuando era un asociado de bajo rango y comencé a trabajar en documentos financieros muy complejos, difíciles de entender porque estaban plagados de términos muy específicos como "activos ajustables consolidados" o "deuda con un plazo de vencimiento mayor de un año". Era un rompecabezas.

Trabajaba en ese tipo de documentos porque quería participar en el área financiera. Un día pregunté si había un libro que explicara esos términos. Todos me dijeron que ese libro no existía. Le pregunté a cada socio y a todos mis colegas, "¿Hay un libro? ¿Cómo hacen para entender todo esto?" Pero todos me decían que tenía que hacerlo al tanteo, aunque eso implique que pueda cometer errores.

Debes ser lo suficientemente inteligente para darte cuenta que el "tanteo" no da resultados.

Un fin de semana, mientras me encontraba en la oficina leyendo el libro de texto de mi facultad sobre finanza corporativa encontré una nota al pie de la página en uno de los casos que sugería un libro de consultas para el material que buscaba. Fui a la biblioteca y encontré ese libro. ¡Era mi salvación! Un clásico—con muestras de acuerdos, contratos, definiciones, todo lo que necesitaba.

Llevé el libro a casa. Anoté todas las definiciones en tarjetas, las ordené por orden alfabético y las aprendí de memoria. Luego estudié todos los ejemplos, volví al estudio y recogí todos los contratos ejecutados durante el último año. Llamé a un asistente legal, y juntos copiamos todos los acuerdos. Luego creé un índice para organizarlos y así poder consultarlos en forma rápida.

A los nueve meses de trabajar en la empresa, mis colegas con cinco años de experiencia venían a preguntarme, "Mario, ¿has visto una cláusula como ésta alguna vez?" Yo consultaba mi archivo y siempre les daba una respuesta.

> *Cuando alguien te dice "al tanteo", no lo creas. Es la misma versión de la misma historia que nueve de cada diez veces nos perjudica. Haz los deberes. Prepárate y podrás hacerlo bien la primera vez que lo intentas.*

Una vez que sabes lo que estás haciendo y te conviertes en un experto, de repente toda la empresa está a tu favor. Yo desarrollé una relación con tres clientes. Llegaron a ser el número uno, número dos y número cuatro en importancia en toda la firma. Profundicé mis conocimientos, publiqué diecisiete artículos y tuve ofertas para ser profesor en las universidades de Harvard y Stanford. Además ayudé a varios de mis clientes se hicieran más y más ricos. ¡Algo que no me perjudicó para nada!

> *Lo primero que tienes que hacer, y lo más importante, es encontrar el sitio adecuado donde trabajar. Tiene que ser una compañía que destaque tus virtudes y minimize tus defectos. Y para lograrlo, primero tienes que comenzar haciendo un balance crítico sobre cuáles son tus virtudes y defectos.*

En lugar de salir a fiestas, debes leer y releer todos los manuales que puedas encontrar—lee, lee, entiende, entiende y entiende. Habla con cuantas personas encuentres. Cuando me daban un proyecto hablaba con cinco, siete personas diferentes antes de entregar el borrador. Alguien siempre te da un consejo: "Mira, presta atención a esto o aquello..." Le gente dice, "Dame un borrador lo antes que puedas." Eso no existe. Es un término incorrecto. Los borradores preliminares no existen. La primera versión debe ser excelente y sin errores.

> *Haz un trabajo que sea excelente, sin errores, sin faltas, sin errores tipográficos. Y luego lo titulas "borrador preliminar".*

Lo peor que puedes hacer es preparar una versión apurada con errores y entregarla, y luego te crucifican. Luego, puedes decir, "Pero, es un trabajo preliminar." No importa, estás muerto.

Cuando realizas trabajos de menor importancia, es muy difícil distinguirte. Te puedes distinguir trabajando muchas horas, dedicándote por completo, prestando atención a los detalles. Aunque no lo creas, tomé una clase del representante de servicio de Xerox y aprendí a arreglar la fotocopiadora. Así, cuando estoy en la oficina a la una de la mañana, tratando de fotocopiar documentos para la reunión a las ocho de la mañana, y la máquina se rompe, puedo desarmarla, arreglarla y hacer mis copias.

Cuando te dicen que te tomes tu tiempo, olvídalo. ¡En esos casos debes trabajar el doble! Cuando te dicen que hagas algo "al tanteo", ¡cuidado! Si eres miembro de una minoría, al tanteo significa que te des la cabeza contra la pared, cometas errores y quedes mal en público, y la gente que trabaja contigo puede pensar, "No sé si esta persona es muy inteligente." Eso es lo que ocurre, así es el mundo. Por eso no podemos tomarnos nuestro tiempo, no podemos trabajar al tanteo porque cuando cometemos errores y quedamos como unos tontos, la gente no lo olvida.

Mario Baeza es presidente de Wasserstein Perella International Limited y director ejecutivo de operaciones en América Latina de Wasserstein Perella & Company, una firma bancaria de inversiones y comercio con sede en Nueva York y oficinas en Londres, París, Frankfurt, Tokio y Osaka. Nació en Nueva Jersey en el seno de una familia de origen cubano, pasó sus primeros años en Cuba y regresó a Estados Unidos donde recibió una licenciatura de Cornell University (en solo tres años) y un título de abogacía de Harvard University. De 1974 a 1994 fue asociado y socio del bufete de abogados Debevoise & Plimptom, y fue el primer negro o hispano que comenzó como asociado y ascendió a través de varios niveles hasta llegar a ser socio en uno de los grandes bufetes legales de Nueva York. Después de recibir su nombramiento como socio a los 30 años continuó su rápido ascenso, y llegó a ser uno de los socios generando una mayor cantidad de beneficios además de formar parte del comité administrative del bufete. A mediados de 1994 lo nombraron a sus cargos actuales en Wasserstein Perella. También ha sido profesor invitado de leyes en Stanford University y dictó clases en la facultad de abogacía de Harvard University. Es miembro de la Hispanic National Bar Association, la Cuban-America Bar Association y recibió el premio Vista 2000 Scholarship Business Award en 1995, otorgado por la National Society of Hispanic MBAs.

Aunque creas que eres paranoico, ¡todos tenemos enemigos! Con esto no quiero decir que haya gente que esté dispuesta a perjudicarnos, pero los latinos son examinados con el doble de intensidad que los demás.

Christy Haubegger
Editora
Latina Magazine

Le diría a cualquiera que está pensando en buscar un empleo profesional, que si eres latina es muy probable que seas la única en toda la empresa, y serás examinada de pies a

cabeza. Quédate trabajando una hora más, revisa tus trabajos una y otra vez, porque tus errores son peores que los de
tus colegas. No me canso de insistir en ese punto.

Christy Haubegger es editora de *Latina Magazine* en Nueva York. Es
de origen mexicano y creció en un hogar adoptivo en Texas. Recibió
su licenciatura de la University of Texas en Austin, y su diploma en
leyes de la Escuela de Abogacía de Stanford University. *Latina Magazine*, fundada por ella, saldrá al mercado norteamericano en 1996.

═══════════════════

Una cosa es entrar en la compañía adecuada.
Pero, la prueba más importante es poder entrar
en el área adecuada dentro de la compañía.

David Morales
Presidente
América Latina
Scientific Atlanta

Un puesto puede parecer muy atractivo, ya sea por la des-
cripción del trabajo, o gracias a la persona que intenta re-
clutarte. Pero una vez que obtienes el empleo, tienes que
saber dónde reside el poder.

*Algunas divisiones son más poderosas que otras,
algunos individuos dentro de una división son más
poderosos que otros. Forjar las alianzas adecuadas
dentro de una organización es fundamental para
asegurarte el éxito.*

Cuando ingresas en una organización tienes que averiguar
todo lo que puedas sobre las personas para quienes trabajas.
Yo ingresé en el mejor grupo en Scientific Atlanta en ese momento, debido a que ahí se encontraba el centro de poder.
Los ejecutivos más importantes con poder de decisión esta-

ban en ese grupo. Los colegas que ingresaron en otros grupos no tuvieron un desempeño tan bueno como el mío.

A no ser que seas muy bueno haciendo una serie de preguntas complejas en forma políticamente correcta, o que tengas amigos dentro de la organización, es muy difícil saber dónde están los centros de poder antes de entrar en la organización. Por eso, lo que debes hacer durante los primeros seis meses en la empresa es averiguar cómo se dividen las labores, quién tiene el poder y cómo se toman las decisiones. Hay mucha gente que trabaja muy duro, y hay mucha gente inteligente. Pero formar parte del equipo con acceso al poder es probablemente tan importante como los otros dos elementos. Averigua quiénes son los miembros de la empresa con éxito e intenta asociarte con ellos. O intenta formar parte de su grupo.

David Morales es presidente de Comunicaciones Broadband, una división de Scientific Atlanta, en Miami, Estado de Florida. Nació en el barrio Bedford-Stuyvesant en la ciudad de Nueva York en el seno de una familia puertorriqueña. Recibió su licenciatura en economía de Brown University e ingresó a IBM en 1983 como aprendiz en la división más importante de ventas. Luego de ascender a encargado de cuentas de marketing, recibió su *master's* en administración de empresas por Harvard Business School. Ingresó a Scientific Atlanta como especialista de mercado en 1989, ascendió hasta ocupar el cargo de director gerente para América Latina en 1993, y luego creó una empresa conjunta con un capital de 40 millones de dólares que ahora dirige para Scientific Atlanta, una distribuidora de productos y servicios tecnológicos en América Latina.

═══════════

CONFIDENCIALMENTE

Para los latinos, el concepto del mentor tradicional es generalmente irrelevante. Es preferible encontrar "aliados estratégicos".

Ejecutivo de marketing de 37 años que trabaja
en una empresa de servicios financieros

La clásica definición del mentor—alguien ocupando la mejor oficina que siente un "cariño" especial por ti porque le recuerdas a los viejos tiempos cuando él empezó su carrera—es algo del pasado. Eso prácticamente ya no ocurre. La gente está demasiado ocupada, se mueve demasiado rápido. Especialmente en el caso de una persona que no es percibida automáticamente como miembro de la estructura de poder dentro de la cultura empresarial (y los latinos no lo son por lo general en empresas dominadas por anglosajones), creo que es muy importante buscar y crear varias "alianzas estratégicas" dentro de la compañía.

> *Los aliados estratégicos son colegas dentro de la empresa que consideras inteligentes y que han llegado al éxito. En vez de pedirles un consejo directamente, intenta trabajar juntos en un proyecto, o forma parte de un grupo donde puedas demostrar, a través de tu desempeño, que darte su consejo más adelante servirá a sus intereses.*

Todos los libros sobre administración de empresas insisten en que tener un mentor que forme parte de la dirección de la empresa es fundamental para el éxito a largo plazo dentro de la compañía.

Esta recomendación asume equivocadamente que una de esas personas voluntaria y altruísticamente "entrenará" a alguien en forma automática con quien posiblemente no tenga nada en común, ya sea su origen étnico, religión, etc.

Encontrar tus propios aliados estratégicos depende de ti. No te preocupes si pareces no tener el "perfil" adecuado para que sean tus mentores. Ni yo, ni el resto de la fuerza laboral en Estados Unidos—cada vez más diversa—lo tiene.

En mi caso, ingresé en una gran empresa financiera. Si bien prácticamente no había negros o latinos ocupando cargos gerenciales, fui capaz de crear una "alianza estratégica" con un colega que era hijo de inmigrantes griegos, quien me ofreció una ayuda inestimable al comienzo de mi carrera. Claro que también debes crear alianzas estratégicas con otros latinos. Pueden ofrecerte una enorme ventaja. Sin embargo, no debes pensar que por el hecho de que ellos sean latinos puedas asumir automáticamente que tienes derecho a establecer una relación. Uno de los peores jefes que tuve era un latino. No es que no fuera inteligente. Es que se preocupaba demasiado sobre la amenaza que yo representaba. Tenía títulos de las mejores universidades, conocía el área en la que trabajaba de pies a cabeza, y era considerado una persona con un "gran futuro" dentro de la empresa. Yo consideraba trabajar para mi jefe como una gran oportunidad de aprender con uno de los pocos latinos que había conocido hasta ese momento ocupando un cargo de importancia.

Estaba muy equivocado, y cuando me di cuenta de mi error, era demasiado tarde.

Prefiero tener un atormentador que un mentor.

Sara Martinez Tucker
Vicepresidente Nacional
AT&T

HE tenido dos tipos de mentores. El primer grupo me ofrece consejos a largo plazo y me permite hablar sobre lo que quiero obtener en mi vida. El segundo grupo está formado por expertos en el campo al que me dedico que me ayudan a mejorar mi labor de cada día. Es importante mantenerse en contacto con ambos.

También me doy con gente que me elogia y me dice cosas lindas, pero cuando estás entre la espada y la pared son incapaces de jugarse y decir, "Tienes todo mi apoyo para la promoción."

Es increíble como muchos valientes repentinamente se transforman en cobardes.

Aprendí que aquellos que te elogian no son necesariamente quienes te apoyan.

Siempre pensé que si la gente dedica su tiempo a elogiarte estarán dispuestos a apoyarte cuando sea necesario. Me sorprendió darme cuenta que hay gente dispuesta a hacer que otros se sientan bien, pero resultó ser el deseo de que les devuelvan los elogios para que ellos a su vez se sientan reconfortados.

Cuando buscas mentores, asegúrate de encontrar personas con las cuales puedas aprender y que se sientan seguras de ellas mismas, porque hay muchos dispuestos a elogiarte, pero si tienen que ayudarte a avanzar dentro de la empresa, o si tienen que darte una opinión sobre un tema complejo, evitarán esa responsabilidad.

> *Hay mucha gente que no quiere darte malas noticias. Yo prefiero trabajar con alguien que sea capaz de criticarme duramente y me ayude a verme de la forma en que otros me ven, en lugar de una persona que sólo se interese en hacerme sentir bien.*

Uno de mis jefes me dijo, "Te va muy bien con esas personas que son como tú, que razonan con rapidez y tienen mucha energía, pero molestas a aquellos que están en la empresa desde hace veinte, treinta años y no quieren que les muevan el piso. Tendrás que encontrar la forma de ponerlos de tu lado, porque no podrás avanzar en tu carrera si sólo eres capaz de trabajar con gente como tú." Otra persona me dijo que mi comportamiento en las reuniones ofendía a ciertos colegas—y que necesitaba escuchar más y hablar menos. Todos necesitamos ese tipo de observaciones honestas.

Tampoco debes depender de mentores hispanos exclusivamente. Recibo muchas llamadas de personas buscando consejos y la única razón por la cual deciden llamarme es porque durante un tiempo fui la única mujer y latina ocupando un cargo de alto nivel. Siempre les digo, "Tiene que haber muchas personas a tu alrededor de las cuales puedes aprender."

Cuando vivía en Minneapolis era la única Martinez en la guía telefónica. En el sur de Texas había páginas y páginas con ese apellido. ¿De quién creen que aprendí en Minneapolis cuando no había ningún Martinez cerca?

Mi primer consejo para los latinos es que encuentren personas con las que puedan aprender. Mi segundo consejo es que eviten la tentación de dividir a los latinos entre grupos como puertorriqueños, cubanos y mexicanos y sólo apoyar al grupo al cual pertenecen. Tenemos que considerar a los latinos como un solo grupo y apoyar cualquier progreso latino en el mundo de los negocios.

¡Acepta ayuda donde puedas encontrarla!

Christy Haubegger
Editora
Latina Magazine

No hay muchas latinas que hayan lanzado una revista nueva al mercado. No formamos un grupo muy numeroso. ¡Podríamos entrar en una cabina telefónica si quisiéramos reunirnos!

Encuentro que termino creando un modelo formado por varias personas que admiro. Recojo un poquito de ésta y otro de aquella. No todas esas personas son latinas, y tampoco son todas mujeres. Algunos de mis mejores mentores son completamente diferentes a mí. Los hombres anglosajones, por ejemplo, que por alguna razón piensan que quien soy o lo que hago es interesante y vale la pena.

Si te quedas sentada pensando, "Busco a alguien que luzca exactamente igual a mí y que se acerque a darme una mano", nunca vendrá. Te quedarás esperando para siempre. Tienes que buscar ejemplos a seguir en el camino, donde puedas encontrarlos.

No puedes forzar a un mentor.

Natica del Valle von Althann
Directora Gerente
Citibank

Los mentores tienen que surgir de una experiencia compartida, el respeto mutuo que se desarrolla a partir de esa experiencia y el reconocimiento que esa experiencia es beneficiosa para ambas partes.

Natica del Valle von Althann es directora gerente de Citibank en la ciudad de Nueva York, la organización bancaria más grande en Estados Unidos. Nació en Cuba, se crió en el Estado de Connecticut y se graduó de Bryn Mawr College con una licenciatura en ciencias políticas y temas latinoamericanos y español. Ingresó en un programa de entrenamiento en Citibank en 1976.

Es importante obtener resultados, demostrar que has logrado cumplir ciertos objetivos, que tu labor ha tenido un impacto directo sobre tu área de especialidad.

Celeste De Armas
Vicepresidente Ejecutiva y Gerente General
Nestlé Refrigerated Food Company

Una vez que encuentras un empleo, tienes que administrar tu carrera. No puedes confiar en que otros lo hagan por ti. He cometido varios errores a lo largo de mi carrera, y uno de los más graves ocurrió cuando estaba tan concentrada en un proyecto bajo mi responsabilidad que me distraje y terminé quedándome en el mismo trabajo por mucho más tiempo de lo que debía. Debería haber comenzado a recoger experiencias en otras áreas mucho antes. Debería haber luchado para que me transfirieran a otra división. Perdí la brújula. Fue un error, pero logré recuperarme.

Administrar tu carrera en forma constante es absolutamente esencial.

Tienes que saber administrar tu carrera. Puedes confiar en los consejos de colegas, de tus superiores y hasta de la oficina de recursos humanos. Pero tienes que administrar tu carrera del mismo modo que administrarías cualquier otro proyecto. Y tienes que marcarte tus propios objetivos y plazos.

Hoy en día la mayoría de las empresas son tan competitivas que no ofrecen ningún tipo de protección. Hagas lo que hagas, tiene que tener un impacto en el área en la que te desempeñas. Y los resultados tienen que ser positivos.

Nunca creí que tendría que publicitar mis logros. Pero tampoco soy tímida cuando llega el momento de hacer cosas y asegurarme de tener una opinión sólida. Quise hacerme cargo de proyectos y los perseguí con determinación. Pero nunca tuve un plan estratégico para asegurarme de que la gente se mantenga informada sobre mis logros.

Puedo decirte que administré mi carrera activamente. Dediqué mucha energía para asegurarme de hacer bien todo lo que tuve que hacer. Y pude demostrar mi valía.

Celeste De Armas es vicepresidente ejecutiva y gerente general de Nestlé Refrigerated Food Company en Solon, Estado de Ohio. Obtuvo su licenciatura de Indiana University y comenzó su carrera en la empresa General Mills como gerente de producción.

Tienes que ser auténtico. Todos tenemos diferencias culturales. No tienes por qué exagerarlas. Sólo tienes que ser como eres sin tener que incomodar a los demás por tus diferencias.

Sergio Leiseca
Socio
Baker & McKenzie

Es difícil generalizar, pero creo que los latinos tienden a pensar que deben desarrollar una "red" de contactos en los negocios basada en relaciones personales profundas. No siempre puedes depender de ellas en el mundo de los negocios. El respeto y la cordialidad en el trato mientras conduces tus negocios no tiene por qué terminar siempre formando una amistad profunda. Nos tratamos mientras hacemos negocios, y nos tratamos como profesionales. Eso no quiere decir necesariamente que haya algo más. Sólo quiere decir que nos tratamos con respeto en el contexto de esa transacción específica.

Es preferible desarrollar una red de contactos, para usar la expresión, basada en buenos recuerdos profesionales que un cliente tenga sobre tu actuación personal, en lugar de tener un cliente que necesariamente piense en ti como un amigo. Lo que la gente busca es conocimiento en tu especialidad y sentido común. Si además tu cliente resulta ser un amigo, está bien, pero si no lo es no quiere decir que no estés calificado.

Y no creo que la gente deba pretender favores por ser latinos. Del mismo modo que no pretendo que la gente tolere tonterías sólo porque somos latinos.

¡Sé auténtico!

Sergio A. Leiseca es socio del bufete de abogados Baker & McKenzie en Miami. Nació en Cuba, se mudó a Miami de niño, creció en Nueva Orleans y completó su licenciatura y su título de abogacía en Tulane University.

No te conviertas en un prisionero de lo convencional.

Linda Alvarado
Presidente
Alvarado Construction, Inc.

Yo no creo en la sabiduría convencional. No creo que haya tenido ninguna influencia en el desarrollo de mi empresa, o de cualquier nueva tecnología o producto que presentamos. La sabiduría convencional dice que no debo ser jefe, porque ningún miembro de mi familia ocupó ese cargo. Trabajábamos para personas horribles llamados jefes, que no nos pagaban bien, que no nos trataban bien, que no respetaban a la comunidad hispana. La sabiduría convencional en mi familia prohibía incurrir en deudas, pero hay veces que necesitas un préstamo.

> *Las personas de éxito no son necesariamente más inteligentes, o más persistentes, quizás no sean necesariamente más trabajadoras. Son las personas capaces de reconocer una oportunidad.*

El Centro de Convenciones de Colorado era un proyecto que estaba en discusión desde hace años en Denver. El lote ya había sido designado. Ya se sabía dónde iba a ser construido. Pero la economía de la ciudad entró en una recesión y el proyecto fue demorado. Los valores de la propiedad cayeron. Un día me senté a tomar un café con otro constructor. Estudiamos el proyecto y pensamos, "Aquí hay algo que está muy mal. El balance no puede arrojar beneficios en esa ubicación."

Desarrollamos un plan que funcionó, cambiando la ubicación del Centro. Escribimos varias propuestas, realizamos estudios de viabilidad, hicimos todo el trabajo necesario para asegurarnos que la realidad estuviera de acuerdo con nuestros instintos. Era un proyecto de 100 millones de dólares. Y se construyó dentro del plazo prometido, cumpliendo con el presupuesto presentado gracias a cuatro personas sentadas bebiendo café que fueron capaces de decir, "Me parece que todos estos cálculos son incorrectos."

La sabiduría convencional decía que nunca habría un equipo de las grandes ligas de béisbol en la región de las Rocky Mountains. No tenemos grandes centros urbanos como Los Angeles, Dallas, Nueva York, Chicago o Atlanta. Durante décadas esta parte del mundo fue ignorada porque la sabiduría convencional decía que Denver es una ciudad atrasada, poblada por cowboys. No era una ciudad para el béisbol.

La sabiduría convencional también decía que las latinas no pueden ser dueñas de equipos en la liga profesional de béisbol. Durante su primer temporada, los Colorado Rockies rompieron todos los récords de asistencia conocidos, en partidos diurnos, nocturnos, partidos inaugurales, todos. Y una latina está entre los propietarios.

¡La sabiduría convencional está completamente equivocada!

===

No te conviertas en miembro de la sociedad de los "muertos en vida".

Andy Plata
Fundador y Presidente Ejecutivo
COPI—Computer Output Printing, Inc.

AL comienzo de mi carrera trabajé nueve años en el departamento de computadoras de Exxon. Me sorprendió la cantidad de personas que pasaban su día entero sin demostrar el menor entusiasmo o interés por lo que estaban haciendo. Sólo iban a trabajar. Yo los llamaba "los muertos en vida". El promedio de ejercicio en un cargo para un empleado de Exxon en mi área era de veinticinco a treinta años. Para trabajar en Exxon en esos años en mi campo uno tenía que estar entre los mejores. Era gente extremadamente inteligente que estaba perdiendo su tiempo y dejando escapar sus sueños.

Exxon ha cambiado, pero intentar hacer algo en esa época significaba enfrentar una gran barrera burocrática. El cambio sencillamente no existía.

Después de varios años en la empresa, pasé del departamento informático a trabajar como consultor para un grupo de geólogos. Éramos cuatro o cinco consultores en una pequeña oficina que fue usada como depósito. Estaba en malas condiciones y la pintura blanca de las paredes estaba oscurecida por la mugre.

Durante dos años solicitamos en forma regular que nos pintaran la oficina. Nunca ocurrió. Mi jefe era muy amable, era uno de mis mentores en la empresa, pero en ese momento sólo le interesaba cumplir con su deber como gerente local de Exxon. Solicité la pintura, pero no escuché respuesta.

Dos años más tarde, vi entrar una cuadrilla de pintores y pensé que finalmente vendrían a pintar nuestra oficina. Fui a preguntarle a mi jefe y me dijo, "No, están aquí para pintar la oficina de un empleado que acaban de promover." En Exxon te pasaban a una oficina un poco más grande cuando pasabas a un nivel más alto en la gerencia. Le pedí que vinieran a pintar nuestra oficina cuando terminaran su misión—no les podría llevar más de media hora. "No podemos", dijo mi jefe, "tenemos que enviar un pedido por escrito."

Eran las nueve de la mañana y le dije que si a las cinco no habían pintado nuestra oficina, lo haría yo mismo ya que hacía dos años que esperábamos en vano. Mi jefe sólo rió nerviosamente. Durante el almuerzo fui a comprar dos latas de pintura amarilla, brochas y un recipiente para mezclar la pintura.

Mi jefe vio la pintura en mi oficina. Le dije que hablaba en serio y que pensaba pintarla solo si nadie más lo hacía. A las cinco de la tarde los pintores se habían marchado sin pintar nuestra oficina. Cuando terminé mi trabajo me cambié de ropa y comencé a pintar la oficina de amarillo. A eso de las siete de la tarde, uno de los limpiadores me preguntó qué estaba haciendo. Le dije que estaba pintando mi oficina ya que estaba cansado de esperar a que los burócratas se decidieran. Decidió ayudarme y terminamos esa noche. Quedó fantástica.

Al día siguiente, mi jefe no supo qué decir cuando entró en mi oficina. Se dio vuelta sin decir palabra. No lo vimos por tres días, hasta que me llamó a su oficina. Todos pensaron que me iban a despedir.

"Creo que has cometido un grave error", me dijo. "En Exxon no puedes pintar tu oficina, nadie puede hacerlo. Si dejamos que esto ocurra, cada uno querrá usar un color diferente y crearíamos un desastre. Por eso voy a tener que llamar a los pintores la semana que viene para que vuelvan a pintar tu oficina del mismo color blanco que todos tenemos en las paredes. Entiendo que podrá molestarte, pero es lo que indican las reglas."

Respondí, "¿Quieres decir que después de solicitar durante dos años que pinten mis oficinas sin obtener ningún resultado, yo decido pintarla de amarillo y ahora me dices que como castigo van a traer a una cuadrilla de pintores para volver a pintarla de blanco?"

Y así ocurrió. Una semana más tarde pintaron mi oficina de blanco.

Pero durante esa semana varias personas, científicos de alto nivel que trabajaban en el edificio frente al estacionamiento, venían a ver la oficina pintada. Eran personas de 45 a 50 años, con varios títulos universitarios, que raramente dejaban sus laboratorios. Entraban en la oficina, miraban a su alrededor y decían, "Pintaron las paredes, ¿cómo lo lograste?"

Después de trabajar nueve años y siete meses en la empresa decidí renunciar. Me dijeron que estaba loco al irme cinco meses antes de cumplir el plazo mínimo para disfrutar de los beneficios para la jubilación que ofrecía la empresa. Pero temía que si me quedaba más tiempo, aunque fueran cinco meses, podría convertirme en uno de los "muertos en vida", y presenté mi renuncia.

Hoy en día veo "muertos en vida" que son propietarios de empresas. Si no tienes un objetivo o un sueño, estás entre ellos. No se trata de personas que trabajan en grandes empresas o de los anglosajones solamente. Los latinos pueden quedar atrapados en puestos sin futuro cuando abandonan sus sueños.

Los "muertos en vida" son peligrosamente contagiosos. Si pasas mucho tiempo en su compañía terminarás siendo uno de ellos. Y lo único que te pueden enseñar es cómo abandonar tus sueños.

Andy Plata es fundador y presidente de COPI—Computer Output Printing, Inc., en Houston, Estado de Texas. COPI ofrece servicios para empresas imprimiendo un gran volumen de documentos en todo el mundo. Proviene de una familia de origen mexicano en San Antonio, Estado de Texas, y comenzó a trabajar en Exxon en Houston como aprendiz.

Todo depende de los resultados. Tienes que competir, tienes que estar preparado y tienes que lograr los objetivos propuestos.

Phil Roman
Fundador, Presidente del Directorio y
Presidente Ejecutivo
Film Roman, Inc.

Nací en Fresno, Estado de California, en 1930. La Depresión recién había comenzado en 1929, por lo que las cosas iban muy, pero muy mal. Mis padres venían de México. El primer recuerdo que tengo del trabajo es un caluroso verano en los viñedos de Fresno recogiendo uvas. Mi madre tuvo una gran influencia. Nos decía, "¡Llegarán muy lejos!" Fui a ver la película *Bambi* cuando tenía 12 años. En ese momento supe que quería trabajar en dibujos animados. Comencé a dibujar. Publiqué una tira cómica en el diario de la secundaria. Quise estudiar Bellas Artes, pero no podía pagarme la universidad. Después de terminar la secundaria fui a trabajar en un cine de la Warner en Fresno. En 1949 fui a Los Angeles. El gerente de la sala escribió una carta de recomendación a un gerente de otra sala que conocía en Los Angeles. Tenía 60 dólares en el bolsillo, pero estaba decidido a estudiar Bellas Artes, por lo que me subí a un autobús y me dirigí a Los Angeles.

Trabajando en la sala de cine podía ver a todos los personajes animados: Bugs Bunny, Porky Pig, Daffy Duck. Aprendí el nombre de todos los creadores de esos personajes. En ese momento no podía imaginar que terminaría trabajando con ellos y que seríamos muy buenos amigos.

Fui a trabajar a Disney en 1955. En ese momento Disneyland no se había inaugurado, y la empresa estaba creciendo. Tenían la película *Blancanieves, El Club de Mickey Mouse* y *El Maravilloso Mundo de Disney*. Producían avisos comerciales, y cortos animados del Pato Donald. Estaban creciendo constantemente.

Mi experiencia en Disney fue maravillosa. Era como estar en un campus universitario, porque había muchos jóvenes en ese momento. Había una gran energía, mucha actividad. En uno de los lotes filmaban películas de aventuras como *David Crocket* y *El Zorro*. Durante la hora del almuerzo paseaba por los *sets*. A veces estaban filmando. Pensaba que había llegado a Hollywood y que mi vida no podía ser mejor. Excepto que renuncié.

Quería trabajar en animación, pero sólo era un asistente y Disney era enorme y tenía muchas personas en el camino. Sabía que me tomaría ocho o diez años llegar a donde quería.

Me ofrecieron un trabajo en una pequeña productora en San Francisco que pagaba 150 dólares a la semana. En ese momento ganaba 95 dólares a la semana en Disney. Renuncié porque esa oportunidad me parecía mejor. Todos en Disney me dijeron que cometía un gran error. "Es el mejor estudio en el mundo. ¿Lo vas a cambiar por un pequeño estudio en San Francisco?" Cuando regresé a Los Angeles, todas esas personas habían sido despedidas durante la restructuración de Disney para reducir costos. ¡Los que criticaron mi mudanza a San Francisco terminaron despedidos!

El área de la animación estaba muy abierta a los hispanos desde la década de los 30, en los primeros días de la industria. Había muchos artistas de origen mexicano en Disney, como Rudy Zamora, Tony Rivera, Manny Pérez y Bill Meléndez. Y la lista incluye más nombres.

> *Los hispanos han contribuido mucho a la industria de los dibujos animados, porque somos muy creativos y tenemos una imaginación fecunda.*

La gran ventaja de esta industria es que te juzgan por lo que creas, no por quién eres. Todo eso es irrelevante. La única pregunta pertinente es, "¿Cómo es el trabajo de esa persona? ¿Ha contribuido en algo importante?" Eso es todo. Cuando caminas por mi estudio verás todo tipo de personas. De todas las edades. Lo único importante es lo que aparece en la pantalla.

> *Quiero creer que ser de origen mexicano no ha sido un factor en mi éxito, ya sea en forma positiva o negativa. No sé lo que piensa la gente—pero creo que si a alguien no le gustan los mexicanos, es un problema de esa persona, no mío. Y si comienzo a trabajar con esa persona, de repente se convierte en mi problema.*

Prefiero pasar el tiempo dedicándome a otros asuntos. Yo no puedo resolver los problemas de otros. Requiere demasiada energía. Y uno puede usar esa energía en formas mucho más positivas, en vez de enfrascarse en pequeños asuntos ridículos que no llevan a ninguna parte. El producto de tu labor debe hablar por ti, nada más. Sólo nos pueden juzgar por eso. De otro modo nunca podrás llegar al éxito.

Phil Roman es fundador y presidente de la Film Roman, Inc., de North Hollywood, Estado de California, uno de los estudios de animación más importantes en el mundo del cine y de la televisión, responsable de la animación en la serie *The Simpsons*. Nació en Fresno, Estado de California, estudió en el Los Angeles Art Center y estuvo cuatro años en la Fuerza Aérea de EE.UU. Fue diseñador de animación, artista y director desde la década de los 60 hasta comienzos de los años 80 para compañías como Disney, Chuck Jones, MGM y Warner Brothers, trabajando en clásicos del cine y de la televisión como *The Incredible Mr. Limpett*, *The Grinch That Stole Christmas*, *Garfield, Tom & Jerry: The Movie, The Critic, Bobby's World* y *The Simpsons*. Desde que fundó su empresa en 1985, los beneficios han aumentado de 300.000 dólares a 35 millones.

Pase lo que pase, el espectáculo debe continuar.

Marcos Avila
Presidente
Cristina Saralegui Enterprises

EL peor día que recuerdo en mi historia personal reciente fue el día que perdí a mi último cliente. Me sentí realmente muy mal. Me puse a llorar. Vi a la derrota cara a cara. Mi mejor día comenzó cinco minutos más tarde, cuando decidí seguir adelante y retomar la lucha. Resolví continuar mi camino, y una semana más tarde tenía un nuevo cliente y mi situación mejoró a partir de ese momento.

Cuando creas una empresa, a veces tiendes a extenderte demasiado. Creas una compañía de la nada, sobre todo en el área de los servicios. Uno tiende a emplear demasiada gente, o a alquilar una oficina demasiado grande, pero recuerda: lo único que le interesa a tus clientes es el resultado de tu trabajo.

Antes de fundar mi empresa, trabajé para un solo jefe, Emilio Estefan. Es un productor de enorme éxito. Le ha ido extremadamente bien con su esposa Gloria, Jon Secada y otros artistas. Lo que aprendí de él es que el espectáculo debe continuar a pesar de todo. Tienes que tratar bien a tu gente, pero pase lo que pase, el espectáculo va a continuar con o sin ellos, porque hay que atender a los negocios.

A veces la gente se duerme en sus laureles, y es una invitación al desastre. En mi ámbito de la televisión y el espectáculo, las cosas se mueven con gran rapidez. Eres tan bueno como tu último éxito. La competencia es tremenda. La televisión es como un monstruo que requiere atención y promoción continua. Hay muchas familias que dependen de lo que hacemos. Si no cumples con tu trabajo, serás remplazado, sin importar quién seas. Si yo no cumplo, seré remplazado. El espectáculo debe continuar.

Es muy importante trabajar duro, pero es más importante hacerlo con inteligencia. Y no te rindas. Si piensas que puedes hacerlo, no abandones el proyecto. Inténtalo una y otra vez.

Marcos Avila es presidente de Cristina Saralegui Enterprises, una empresa multimedia basada en Miami Beach, Estado de Florida, que coproduce *The Cristina Show*, uno de los programas de mayor *rating* en la Univisión Television Network, distribuido en dieciocho países de habla hispana, y *Cristina: La Revista*, una de las revistas en español de mayor tirada en Estados Unidos distribuida en toda América Latina. A través de su empresa subsidiaria Magikcity Communications, Inc., distribuye programas de radio en español como *Cristina Opina* y *Somos Hispanos*, dirigido por Ricardo Montalban. Creció en Florida y comenzó su carrera trabajando para Gloria y Emilio Estefan, como miembro original del grupo Miami Sound Machine. En la década de los 80 dirigió su propia agencia de talento y relaciones públicas llamada Magikcity Media.

La persistencia es la clave. Nunca te des por vencido. No importa cuán insignificante sea tu tarea, es una parte importante de la compañía. Si lo haces bien y le dedicas tu mejor esfuerzo, podrás alcanzar el éxito.

Roberto Suarez
Presidente, Miami Herald Publishing Company
Editor, *El Nuevo Herald*

EN pocos meses pasé de ser presidente de una gran institución financiera, la Nacional de Cuba, a quedar desempleado sin posibilidades de encontrar trabajo.

Mi familia se vino a Miami de Cuba justo antes de la invasión de la Bahía de los Cochinos en abril de 1961. No pude encontrar un empleo, a pesar de mis esfuerzos. Teníamos nueve hijos y estábamos sin dinero, porque no pudimos retirar nuestro capital de Cuba.

Mi primer trabajo fue limpiando casas. Resulta que era alérgico a uno de los ingredientes químicos en los líquidos para la limpieza, y tuve que gastar los primeros 20 dólares que gané en un remedio. Luego un sobrino me comentó que el periódico *The Miami Herald* estaba tomando gente. Le pregunté si sabía lo que era y me dijo que no. Le dije que pensaba visitarlos de todos modos.

The Miami Herald buscaba personal para el departamento de envíos. En la industria de los periódicos el departamento de envíos no es sólo el sitio donde envias cartas, también es donde se preparan los paquetes de periódicos. Salen de las rotativas, y los envías a la sala de cargas donde esperan los camiones de reparto.

Me pasé una noche entera preparando paquetes con diarios y cargando los camiones. Cuando terminó el turno, me dijeron que regresara a la mañana siguiente. En casa mi esposa tuvo que ponerme compresas frías en los brazos porque estaban hinchados. Ése fue mi segundo empleo.

El primer cheque que recibí del periódico lo gasté entero comprando leche para mis hijos en el Centro para Refugiados Cubanos, donde nos daban raciones de leche en polvo, huevos en polvo, arroz y la carne más extraña que vi en mi vida. Los niños bebían mucha leche en polvo, que básicamente es agua. Estaban muy delgados, y por eso decidí comprar leche de verdad por primera vez. Me dio una gran satisfacción.

Cuando trabajaba en el departamento de envíos tomé varios exámenes de capacitación y me dijeron que no podría avanzar en el departamento de producción porque no tenía conocimientos de mecánica. Al poco tiempo se dieron cuenta que podía hacer otras tareas, y me pidieron que prepare los pagos para el personal. Luego me ofrecieron un cargo de supervisor, mi primera oportunidad para avanzar.

Fui a ver al director de personal y le comenté que podría ser más útil en la empresa trabajando en el área comercial que en el departamento de envíos. Me dijo que debería estar feliz de haber logrado en uno o dos años lo que otros obtienen después de 30 años, y que no sabía nada sobre la industria de periódicos. Entendí su punto de vista, pero no me di por vencido.

Poco después me enteré de una oportunidad en el departamento contable, y fui a hablar con el director financiero. Me preguntó qué sabía sobre la industria de los periódicos. Le dije, "Muy poco, pero le aseguro que en seis meses sabré todo lo que sea necesario." Se rió.

Me tomó como contador para la operación general de la empresa, y con el tiempo llegué a ser el director financiero, y aprendí mi oficio empezando desde abajo. Tienes que tener fe, fe en lo que puedes hacer.

Roberto Suarez recientemente se retiró de presidente de The Miami Herald Publishing Company y editor de *El Nuevo Herald* en Miami, un periódico de la cadena Knight-Ridder. Nació en La Habana, Cuba, y se graduó de Villanova University con una licenciatura en economía. También fue presidente y gerente comercial del periódico *The Charlotte Observer*.

═══════════════════════

Mi padre siempre me enseñó que tenía que diver-
sificarme.

Eduardo Paz
Presidente
Teleconsult, Inc.

Mɪ padre me enseñó que hay que mantenerse concentrado, pero no se puede depender de un solo producto o cliente. Hay que confiar en la gente, pero también que cubrir la retaguardia. Siempre hay que tener una alternativa y un plan de acción para el peor de los casos.

Eduardo Paz es presidente de Teleconsult, Inc., en Washington, D.C., una empresa consultora internacional en el campo de las telecomunicaciones. Nació en Bolivia, y creció entre su país y en los alrededores de Washington, D.C. Recibió su licenciatura y *master's* en ingeniería de Cornell University, y es un candidato a un posgrado en George Washington University. Ingresó a MCI en 1984 trabajando en planeamiento de transmisiones en el área de fibras ópticas, donde permaneció hasta 1989. Compró Teleconsult en 1990 y en estos momentos trabaja con países en América Latina, Europa, los nuevos países independientes, Africa, Asia y Oriente Medio.

═══════════════════════

Tienes que hacerte responsable de tu propio des-
tino. No puedes depender de tus superiores para
que tomen decisiones por ti.

Jim Saavedra
Vicepresidente Ejecutivo
Union Bank

Uɴᴀ de las experiencias que más aprecio ocurrió en 1977, cuando la empresa para la cual trabajaba se puso en venta. En ese momento había llegado a ocupar una vicepresidencia. Comencé como analista de sistemas. A los ejecutivos en los cargos más altos nos ofrecieron una compensación por el despido y nos dijeron que nuestros servicios ya no serían requeridos por la nueva empresa.

Fue un golpe muy duro en su momento, pero me obligó a definir mis prioridades, decidir qué es realmente lo importante, establecer objetivos personales y encontrar la forma de lograr lo que me proponía. Fue un nuevo despertar. Y como resultado terminé trabajando para una compañía con una mentalidad más agresiva en un campo completamente diferente. Dejé la industria financiera y fui a trabajar para una aerolínea. Y pasé dos años trabajando para un empresario con un enfoque radical e innovador.

No temas cambiar de empleo o de industria. Considérate un bien con habilidades y talentos. Conoce tus virtudes y mantente dispuesto a aprender de cualquier tipo de situación.

Si decides que ya no te queda mucho que aprender en tu trabajo, ha llegado el momento de marcharte. No se trata de considerar si el empleo es bueno o malo, es la fría realidad. Considera la realidad, no gastes tu tiempo pensando en lo que está bien o mal.

C. James Saavedra es vicepresidente ejecutivo del Union Bank en San Francisco, Estado de California. Nació y creció en Denver, Estado de Colorado, asistió a Regis University y a la Escuela de Oficiales de la Marina de EE.UU. y comenzó su carrera como aprendiz en una caja de ahorro. También ocupó cargos en la administración en la Western States Bankcard Association, World Airways, First Nationwide Bank y Wells Fargo Bank.

Deja amigos en el camino, no enemigos.

Fred Estrada
Presidente
Hispanic Publishing Corporation

CUANDO era joven y me iba de un empleo trataba de darle a mi jefe un aviso prudente e intentaba explicarle por qué me iba. Si puedes hacerlo bien y en forma correcta, podrás mantener amistades y mentores aunque dejes la empresa. Es por eso que en los últimos cuarenta años he podido desarrollar y mantener excelentes relaciones comerciales con antiguos jefes y colegas.

En el mundo de los negocios a veces tienes que tomar decisiones difíciles, pero hazlo siempre con profesionalismo y nunca perderás un contacto.

Fred Estrada es presidente del directorio y presidente ejecutivo de la Hispanic Publishing Corporation, una empresa que edita *Vista* y *Hispanic*, las dos revistas para la comunidad latina en EE.UU. de mayor circulación.

Un desafío es de lo mejor que te puede ocurrir en tu carrera. Y un cambio es una oportunidad, no un elemento negativo. Aunque te parezca algo negativo a primera vista, puedes hacer que se convierta en una oportunidad.

Jorge Luis Rodriguez
Director Ejecutivo de Marketing
AVANTEL
MCI Communications Corporation

Ingresé a MCI en 1979, ocupando un puesto de menor responsabilidad en el área de desarrollo comercial inmediatamente después de graduarme de Georgetown University. MCI recién comenzaba en esos momentos. Mi hermano es 12, 13 años mayor que yo. Le dije, "Voy a trabajar para una nueva compañía llamada MCI y vamos a competir contra AT&T." Me dijo, "Están locos, los van a destruir." Hoy en día vemos la situación de una manera diferente.

Trabajé en varios puestos en MCI desde 1979 a 1986. La empresa tenía una mentalidad muy emprendedora, agresiva, positiva e irreverente, donde todos sentíamos que podíamos contribuir al éxito de la compañía. Aprendí que no hay nada que no podamos convertir en una ventaja u oportunidad. Todo depende de tu mentalidad y actitud. Es una forma de pensar que desarrollé en MCI—una pequeña empresa compitiendo contra un gigante como AT&T. En esa cultura empresarial hay que demostrar grandes recursos. Si creías en algo había que apoyarlo, venderlo y hacerlo en forma agresiva. No podías esperar a que viniera alguien a preguntarte, "¿Qué te parece este proyecto?"

Dejé MCI en 1986 para trabajar en Sprint, una competidora. Me fui porque un individuo para quien trabajé, que fue uno de mis mentores, me ofreció una oportunidad fantástica para reintroducir Sprint en el mercado y expandir los servicios en una nueva área de marketing. La famosa campaña publicitaria con el sonido de un alfiler cayendo y la voz de Candice Bergen en el fondo es mi creación.

Me fui de MCI porque ya no me satisfacía. Se había convertido en algo demasiado cómodo, sin obstáculos. La administración no era tan agresiva como en el pasado. No estaba de acuerdo con mi deseo de ser emprendedor, más agresivo e irreverente. Ése es el medio en el cual puedo trabajar a gusto, un medio en el cual se pueden tomar riesgos. Pagas caro si te equivocas, pero te recompensan si logras tu objetivo. Ése era el medio que había creado pruebas fascinantes, el clima que sabía que MCI no perdería, y en el cual algún día volvería a trabajar.

En 1994 regresé a MCI para lanzar lo que llamo nuestra aventura en México y América Latina. Es un proyecto que en estos momentos no da ningún beneficio, pero calculo que en cinco años tendrá un valor de mil millones de dólares o más. Estamos construyendo una red de comunicaciones de la nada. Todavía no tenemos un equipo de ventas, un sistema de facturación, ni siquiera un producto. Todavía no existe. Obviamente, construir una empresa de la nada representa una oportunidad fascinante. Y es exactamente el tipo de desafío que me encanta.

Jorge Luis Rodriguez es director ejecutivo de marketing de la empresa AVANTEL de la MCI Communications Corporation de Washington, D.C. Nació en Cuba, y se crió en España y Puerto Rico, graduándose de Georgetown University con una licenciatura en finanzas. Ingresó a MCI en 1979.

Tienes que distinguir entre los buenos y los malos consejos, aunque provengan de tus padres.

Marcela Donadio
Socia
Ernst & Young

TIENES que decidir qué es lo que quieres hacer, tienes que estar dispuesto a aceptar consejos, pero también debes tomar tus propias decisiones, y luego salir a luchar por lo que deseas.

Marcela Donadio es socia en la firma contable Ernst & Young de Houston, Estado de Texas. Nació en Panamá, obtuvo su título en contabilidad en Louisiana State University, e ingresó a Arthur Young, una empresa predecesora de E & Y, en 1976 como aprendiz. Fue nombrada socia en 1989.

"Dime con quién andas y te dire quién eres."

Anthony Xavier Silva
Cofundador, Director y Presidente Ejecutivo
Corporate Systems Group

FUE un poeta español se llamó Miguel Unamuno quién es parte de un grupo poética nombrado la Generación de 1898. Dijo "Dime con quién andas y te diré quién eres."

Asóciate con las personas más trabajadoras, genuinas y honestas. Si estableces relaciones con ese tipo de mentores podrás encontrar modelos que seguir para formar tu vida y tu carrera.

Anthony Xavier Silva es presidente del Corporate Systems Group en Miami, una de las empresas en manos de hispanos que conforman la lista de las quinientas más importantes de la *Hispanic Business Magazine*. Nació y se crió en el área de Miami y comenzó su carrera como vendedor de productos informáticos para Nynex y IBM.

═══════════════════════

No permitas que tu apellido te impida trabajar en un proyecto que te interese.

Jamie Cuadra
Presidente y CEO
Ransom Original Soul Wear

No te encierres en un área en particular sólo por quién eres, o por tu apellido. Tienes que ser receptivo a todo y saber trabajar con todo el mundo.

Jamie Cuadra era recientemente director ejecutivo de finanzas de Cal-State Lumber Sales, Inc., en San Ysidro, Estado de California, una de las empresas de hispanos entre las quinientas más importantes de acuerdo a la *Hispanic Business Magazine*. Nació en Nicaragua y se crió en San Diego y San Francisco. Ahora es presidente de Ransom Original Soul Wear, una empresa que vende ropas con un tema cristiano contemporaneo basada en San Ysidro, Estado de California.

SECRETO 2

ALLANAR EL CAMPO DE JUEGO

Para los latinos, la educación, la comunicación y el desempeño son los grandes "igualadores". Debemos aspirar a los trabajos más exigentes con objetivos cuantificables.

La educación se está convirtiendo en la gran herramienta que elimina las diferencias, rompiendo las barreras del sexo, el color de la piel, la religión y el origen nacional.

Eduardo Aguirre
Vicepresidente Ejecutivo y Gerente de División
NationsBank

Los hispanos seguimos estando mal representados en las salas de juntas del directorio, en las suites para ejecutivos y entre los niveles más altos de la mayoría de las profesiones a través de Estados Unidos. Pero la situación comienza a cambiar.

La comunidad hispana enfrenta muchos problemas: el desempleo y la escasa oferta de buenos empleos, una tasa alarmante de alumnos que abandonan sus estudios secundarios, el acceso limitado a las oportunidades económicas ventajosas, la discriminación, la imposición de límites artificiales en sus carreras, el crimen, la drogadicción, las pandillas callejeras y otros obstáculos reales y percibidos.

La educación es el tema más urgente para los hispanos.

Hace varios años tuve la fortuna de conocer a uno de los ganadores de nuestro programa de becas llamado "Go Tejano". La llamaré Helen. Nunca conoció a su padre y vio a su madre en pocas ocasiones. La crió su abuelita que vivía de la seguridad social y otros programas de asistencia pública. Pasó de pariente a pariente y de escuela a escuela hasta que su abuela murió cuando le faltaba un año para completar sus estudios secundarios. En ese momento trabajaba media jornada aunque no tenía acceso a un medio de transporte público para llegar a su trabajo.

A pesar de todos esos obstáculos, Helen se mantuvo fiel a su gran ambición de asistir a la universidad, y cuando sus consejeros en la secundaria no la escogieron para la entrevista con el comité de la beca "Go Tejano", ella no permitió que eso sea un obstáculo. Fue a hablar con ellos directamente. Recibió 2.000 dólares del comité de la beca, y otros 11.000 dólares de otros fondos para becarios.

Helen se graduó de la secundaria con las mejores calificaciones. Es la primera en su familia que completó los estudios secundarios y la única que decidió continuar estudiando en la universidad. La última vez que la vi, cursaba el tercer año en la University of Houston, estudiando administración de hotelera y restaurantes.

Nos dijo que quería volver a trabajar en la comunidad hispana para permitir que otros como ella puedan ver sus sueños convertidos en realidad.

Aquellos que completen su educación encontrarán los mejores empleos. Los que carecen de una formación tendrán que conformarse con los empleos peor remunerados, sufrirán durante períodos de desempleo o se verán forzados a subsistir con un salario mínimo.

Provengo de una familia de clase trabajadora. Llegué a Estados Unidos a los quince años, sin mis padres, y sin hablar una palabra de inglés. Durante años recibí el cuidado, alimentación y enseñanza de la gran generosidad de las asociaciones benéficas Catholic Charities y United Way.

> *No debemos olvidar por lo que pasamos si queremos conquistar el futuro. Sólo podremos tener éxito si ayudamos a esos jóvenes con tantos sueños y la determinación necesaria para alcanzar su propio éxito.*

Eduardo Aguirre es vicepresidente ejecutivo y gerente de división en NationsBank, la tercera organización bancaria en Estados Unidos. Vive en Houston, Estado de Texas. Se graduó de Louisiana State University y en 1977 se integró como vicepresidente a una empresa que luego formó parte de NationsBank. Actualmente tiene bajo su gestión un activo de 2.5 mil milliones de dólares y fue nombrado por el gobernador George W. Bush a la Junta de Regentes de la University of Houston.

═══════════════

Tienes que ser astuto para reconocer cuáles son tus defectos y tus virtudes. Si sabes sacar provecho de tus virtudes e intentas mejorar los defectos, podrás encontrar el éxito. No se necesita ser un genio.

Enrique Falla
Vicepresidente Ejecutivo y Director General de Finanzas
Dow Chemical Company

Los resultados de los exámenes que exige el reglamento sólo te ayudan a distinguir las áreas en las que tienes que concentrarte y mejorar tu desempeño. No debes considerarlos como la medida para evaluar tu futuro. Tampoco determinan qué es lo que terminarás siendo. Son una herramienta para identificar las áreas en las que debes dedicar más tiempo.

He notado una correlación casi perfecta entre el coeficiente intelectual y la habilidad de escalar a los puestos más codiciados. Las personas con el coeficiente intelectual más elevado nunca llegarán a ocupar los cargos más importantes.

Hay una gran diferencia entre ser listo y ser puramente inteligente. Siempre digo que prefiero tomar a los listos antes de contratar a alguien que sea puramente inteligente.

Por lo general los individuos considerados superinteligentes piensan que lo saben todo, y no tratan bien a sus semejantes. Tienden a ser excéntricos. Basta observar los cargos más importantes en el gobierno y las empresas y verás que no están ocupados por personas con un coeficiente intelectual de 180. Puedes encontrarlos en laboratorios de investigación, en áreas con un grado de especialización muy desarrollado, donde la interacción personal y las cualidades de mando no son esenciales para el éxito. Einstein dirigió un laboratorio de investigación formidable, pero no hubiera podido dirigir una empresa. Debes comprometerte y trabajar mucho, y te aseguro que lograrás lo que te propones. A medida que progresas en tu carrera y comienzas a recoger una serie de triunfos, la confianza en tu talento irá en aumento.

La confianza es algo muy, pero muy poderoso, siempre y cuando puedas aceptar y reconocer en el proceso que no eres Dios, que también tienes defectos y que necesitas trabajar constantemente para superarlos.

Enrique C. Falla es vicepresidente ejecutivo y director general de finanzas de Dow Chemical Company, una empresa basada en Midland, Estado de Michigan, que forma parte de la lista de las quinientas empresas más importantes en EE.UU. de la revista *Forbes*. Es miembro de la junta de directores de Dow desde 1985, además de formar parte de la junta de directores de Kmart Corporation.

La educación: Necesitamos ese logro escrito en papel.

Christy Haubegger
Editora
Latina Magazine

NECESITAMOS la confirmación de nuestras credenciales educativas en el papel. Hay grupos que tienen la posibilidad de avanzar gracias a la ayuda de los sectores más tradicionales de la sociedad como los "old-boys networks". Si no cuentas con un grupo de apoyo, será mejor que tengas todo lo demás por escrito, porque eso le da legitimidad a tus logros.

Sé que no es justo, pero ayuda a abrir puertas, y necesitas todas las puertas abiertas que puedas encontrar. La universidad es una parte fantástica de tu red de contactos. Yo tengo un diploma en leyes de una universidad de gran prestigio, y lo mejor de eso es que hace pensar a la gente que soy inteligente. Eso no es algo que todo el mundo tiene que demostrar. La educación es primordial y fundamentalmente por la posibilidad de aprender que ofrece. Pero las conexiones y las credenciales que otorga son de la misma importancia.

===

Para los hispanos, la educación es la mejor forma de allanar el campo de juego.

Celeste De Armas
Vicepresidente Ejecutiva y Gerente General
Nestlé Refrigerated Food Company

Soy la única de todos mis hermanos que se graduó de la universidad. Mis padres siempre me apoyaron en lo que respecta a mis intereses educacionales, pero como no se educaron en Estados Unidos, no pudieron ofrecerme todo el asesoramiento que hubieran querido darme. Por ese motivo no me concentré lo suficiente durante mis primeros años de estudio en la universidad.

Me di cuenta que mi vocación estaba en el mundo de los negocios mientras cursaba el tercer año en la universidad. Hasta ese momento no tenía un conocimiento cabal sobre las carreras disponibles en el mundo de los negocios. Mi padre era un técnico en la industria cinematográfica. Mi madre trabajaba media jornada en una tienda, pero su empleo no podía considerarse como una carrera. En lo que respecta al mundo que existía a mi alrededor, los negocios no eran algo a lo que estuve expuesta, ni tampoco conocí.

Después de graduarme, intenté inscribirme en varios cursos de posgraduado en universidades de otros estados. Todavía no había cumplido los veinticinco años, era soltera y vivía con mis padres. Para ellos, y quizás para la primera generación de hispanos, tener una hija soltera que abandona el hogar para irse a estudiar a un sitio distante no era bien visto. Pero obtener mi *master's* en administración de empresas lejos de mi hogar resultó ser lo mejor que podía haber hecho, tanto personal como profesionalmente. La educación tiene absoluta prioridad para mí. Eso fue lo que ayudó a abrir las puertas en mi carrera. No sé lo que estaría haciendo ahora sin ese *master's*. Me dio la oportunidad de competir en igualdad de condiciones con gente que creció en circunstancias mucho más privilegiadas.

Acepta un cargo en el cual puedas destacarte. Tu habilidad de afectar directamente los beneficios económicos de una empresa te dará la oportunidad para destacarte. No te quedes rezagado.

Jose Collazo
Presidente
Infonet

Nací en Puerto Rico y viví ahí hasta los primeros años de la secundaria. Hace veintiséis años que trabajo en esta empresa.

Vine a trabajar a la Computer Sciences Corporation en 1969. En ese momento, comenzaban una nueva compañía llamada Infonet. La idea era permitir que las personas pudieran comunicarse a través de sus terminales de computadoras. Es un concepto comúnmente aceptado hoy en día, pero en 1969 estábamos hablando de alta tecnología.

Esta empresa siempre se ha destacado por su rápido crecimiento. Ser latino no tenía importancia, ni siquiera se podía considerar un factor. Era una nueva compañía creciendo rápidamente, y yo pasé de ser gerente de aplicaciones científicas a gerente de aplicaciones comerciales, y de ahí a ser gerente de ambos departamentos. Luego me nombraron director de planeamiento industrial, y luego director de planeamiento para marketing, y todo ocurrió en un período de tres años, porque estábamos creciendo a gran velocidad.

En un momento, el presidente de CSC me preguntó si me interesaba irme a Italia, porque acababan de comprar una empresa en ese país y necesitaban a alguien que hablara italiano. Le dije, "No hablo italiano." Él respondió, "Con un nombre como el suyo, pensé que podría aprenderlo." Yo le dije, "Muy bien, puedo aprenderlo." Y así me fui a Italia.

Soy un clásico ejemplo de una persona que llega al éxito aceptando desafíos empresariales de alto riesgo y recibiendo más y más responsabilidades basadas en mi actuación. Gracias a mi disciplina de trabajo y a la buena fortuna, terminé siendo el depositario de mayores responsabilidades hasta llegar a la presidencia de Infonet.

Siempre me mantuve al tanto de las operaciones básicas de la empresa—prestando mucha atención a los beneficios y a las pérdidas. Nunca me metí en la política interna de la empresa, ni me interesa hacerlo. Es posible involucrarse en las rencillas de la empresa siempre y cuando estás seguro de favorecer a los ganadores. Pero si terminas del lado perdedor, la organización hará lo posible por neutralizarte rápidamente. Es así de sencillo.

> *Mi regla es mantenerme concentrado—concentrado en las responsabilidades y evitar involucrarme en las luchas internas.*

Mi hijo trabaja para Xerox, y al año de comenzar sus labores me dijo que cambió su formulario de planilla y escribió "hispano" en la ficha que describe su origen.

Supuestamente eso creó un escándalo en Xerox. Algunos de los empleados lo acosaron preguntándole, "¿Cómo puedes decir que eres hispano si no hablas español?" "¿Randy Collazo es un nombre hispano?" Nací en Puerto Rico, y mi hijo respondió, "Mi padre es de Puerto Rico. Él es un hispano de verdad." Yo le pregunté por qué lo hizo. Mi hijo respondió, "Porque en Xerox si eres hispano o miembro de otra minoría étnica tienes un grupo de apoyo para hispanos que intenta promoverlos dentro de la empresa." Y cuando se enteró de la existencia de ese grupo pensó, "¿Y por qué no?"

> *Está bien reunirse con otros hispanos en tu compañía, pero es mucho más importante concentrarte en las cosas que hacen que tu empresa funcione.*

Si quieres tener éxito, trata de trabajar en un área que esté directamente relacionada con el balance financiero de tu empresa. En General Motors sería algo como el departamento de ingeniería o desarrollo de productos. En Xerox, le dije a mi hijo, "Trata de trabajar en el departamento de ventas."

Los latinos deben tener experiencia en áreas que afectan el balance de la compañía, ya sea por el lado de beneficios o costos, es decir, el corazón de la operación de esa empresa. Si puedes destacarte en ese sector, podrás tener un impacto en la compañía y tu labor será reconocida.

Existe un riesgo en ese camino. En la mayoría de los empleos, aquellos que no logran los objetivos impuestos pierden su trabajo. Pero aquellos que recién empiezan, deben optar por los puestos que ofrecen una recompensa cuando los objetivos se cumplen. Y si fracasan, está bien también, es parte del desafío.

Jose A. Collazo es presidente de Infonet, ubicada en El Segundo, Estado de California. Nació en Puerto Rico y se graduó de Northrop University con un título en ingeniería aeronáutica. Recibió un *master's* en administración de empresas de Pepperdine University y completó el Programa de Estudios Avanzados para Ejecutivos en Stanford University. Comenzó su carrera como administrador para la Southern California Gas Company, y ocupa el cargo de presidente de Infonet desde 1988.

===

El primer consejo que les doy a los latinos es que exijan los trabajos difíciles con objetivos cuantificables para que los resultados no estén sujetos a sus credenciales.

Sara Martinez Tucker
Vicepresidente Nacional
AT&T

HE visto a muchos latinos, afroamericanos y asiáticos ingresar en empresas como funcionarios, lejos de las líneas del frente y ajenos a la actividad principal de la empresa. Empecé a preguntarme por qué ocurre. Y estudié los casos de los cargos más altos ocupados por latinos o afroamericanos en AT&T y noté que por lo general los nuevos empleados tomaban los cargos que ellos dejaban vacantes. En AT&T todavía no se ven muchos latinos en la gerencia o tratando directamente con los clientes.

Otro defecto que noté en nuestros grupos de recursos humanos, las asociaciones de apoyo para latinos o afroamericanos, es la tendencia a sentirse con el derecho de ascender al nivel siguiente automáticamente cuando un empleado rinde muy bien en su nivel correspondiente. Con frecuencia nos olvidamos de preguntarnos, "¿Qué conocimientos necesito para pasar al próximo nivel, y cómo hago para obtenerlos?"

> *Los conocimientos requeridos para un tipo de tra-*
> *bajo no son exactamente los necesarios para el*
> *próximo nivel, y el cumplimiento de los objetivos en*
> *un primer nivel no justifica que podamos pensar,*
> *"Merezco una promoción."*

Aconsejo y guío a mucha gente que se acerca a decirme, "Mira lo que me pasó. Hace diecisiete años que soy ejecutivo de ventas y no me dieron la promoción a gerente de ventas." Les pregunto, ¿Qué has hecho para ayudar a otros vendedores, o demostrarles que tienes el potencial para administrarlos, basado en el consejo que les das a tus colegas?

Prácticamente no sabía hablar inglés. Para lo-
grar el éxito hay que saber dirigir, y para dirigir
hay que saber persuadir, y para persuadir hay
que saber expresarse. Eso es parte de la vida.

Enrique Falla
Vicepresidente Ejecutivo y Director General de Finanzas
Dow Chemical Company

Sɪ eres hispano, y no tienes la misma elocuencia que otras personas, o no puedes hablar bien el inglés, corres con una seria desventaja cuando llegue el momento de presentar o escribir informes.

Como la mayoría de los inmigrantes, apenas hablaba inglés, sólo el mínimo indispensable que me permitió ingresar en la universidad. Tuve que dedicarme a estudiarlo por seis meses. En la parte de administración empresarial, superé al 97 por ciento de los otros alumnos, ubicándome entre el 3 por ciento superior. Fue gracias a ese resultado que obtuve una beca. Pero en inglés sólo terminé entre el último 29 por ciento. ¡Había un 71 por ciento de alumnos con mejor conocimiento del inglés que yo! Fue un gran obstáculo superar las dificultades que tenía con el inglés. Mis jefes me decían, "Eres mucho más inteligente y astuto que la mayoría de nosotros, pero hay un área en la que demuestras una debilidad. Te cuesta expresar y articular tus puntos de vista de la mejor manera, como deberías hacerlo."

> *Tu habilidad para comunicarte y la efectividad que demuestras en expresar ideas y conceptos es esencial para triunfar.*

Cuando me di cuenta por primera vez de mis limitaciones en ese respecto, me sentí muy mal, herido en lo más profundo de mi orgullo. Pero decidí hacer algo al respecto. Con el apoyo de la empresa, tomé varios cursos en ciencias de la comunicación dirigidos a mejorar mi habilidad para expresarme y comunicarme con los demás. La compañía se hizo cargo de los gastos.

Resultaron ser muy fundamentales en mi carrera. Hay que ser realista. Si no puedes hablar inglés correctamente, ¡no serás un comentarista de CBS hasta que lo aprendas!

El área más importante de la que debes preocuparte es el área de las comunicaciones.

Jorge Diaz
Vicepresidente y Gerente Adjunto de Programas
Northrop Grumman Corporation División B-2

TIENES que dominar el arte de la comunicación, tanto oral como escrita, incluyendo la habilidad de hablar frente a una audiencia. Es imperativo en el mundo de los negocios.

En los años que tengo por delante continuaré intentando superarme en esas áreas, porque siempre hay una forma de mejorar. No estoy pensando en los latinos solamente, esto vale para todos. Las personas que controlan su habilidad para comunicarse clara y concisamente tienen la mayor posibilidad de encontrar el éxito.

Jorge H. Diaz es vicepresidente y gerente general adjunto de la División B-2 de la Northrop Grumman Corporation, en Pico Rivera, Estado de California. Nació en Zacatecas, México, y obtuvo su licenciatura en ingeniería química y un *master's* en metalurgia de la Universidad de México, para luego formar parte de North American Aviation como jefe de investigaciones en ingeniería de mísiles. En su cargo de vicepresidente de la División de Ingeniería en Rockwell International Space, dirigió la operación para rediseñar el transbordador espacial veinte días después de la tragedia del "Challenger", y supervisó los dos primeros vuelos del transbordador en 1988. En 1989 supervisó el primer vuelo del bombardero B-2, llamado Stealth.

Tienes que querer escuchar con pasión.

Antonio Rodriguez
Vicepresidente Ejecutivo
Seagram Spirits & Wine Group

Estoy impedido del oído. Uso dos audífonos. Pero el único defecto que realmente me ha afectado es el hecho de no haber sabido escuchar a la gente en ocasiones.

Esa habilidad es una de las contribuciones más importantes, creo, a mi éxito—la capacidad de escuchar y entender a la gente. Ha sido una lucha aprender a hacerlo. Aún hoy en día, con o sin mis audífonos, a veces durante las reuniones me pierdo algunas cosas. Pero le presto mucha atención—lo llamo escuchar con pasión.

Puedes aprender mucho más con la boca cerrada.

Debes escuchar más de lo que hablas, y cuando hables, debes saber comunicarte con claridad.

Cuando hablo español con algunos latinos, me doy cuenta que son más inteligentes de lo que parecen cuando hablan inglés. No importa si eres latino o marciano. Debes saber escuchar y expresarte con claridad, descifrar las tonterías, identificar los temas importantes, y luego articular tu respuesta.

Tu desempeño es la mejor forma de romper las barreras, pero no siempre funciona.

Solomon Trujillo
Presidente y Presidente Ejecutiuo
U S WEST Communications Group

Mis primeros años fueron muy duros cuando prácticamente no había hispanos en mi compañía, excepto en las áreas de mantenimiento. Cuando comencé no había más de uno o dos hispanos en la gerencia. Miraba a mi alrededor y no encontraba a nadie que se pareciera a mí. No hablo de este tema con frecuencia, pero cuando comencé a trabajar en la empresa me trataban en forma diferente a los demás, como un hispano.

En Wyoming obtuve mi primer trabajo en el área de planeamiento comercial, lo que me obligaba a visitar varias ciudades del estado y decidir cuántas líneas telefónicas teníamos que instalar, cuántos mensajes se transmitirían en nuestras líneas.

En esos tiempos el mundo estaba en manos de nuestros gerentes locales. Ellos eran los que podían encontrarte habitaciónes en los moteles. Tuve muchos problemas con algunos de nuestros gerentes locales. Si venían otras personas de la oficina central llamadas Smith o Jones, nunca tenían problemas para encontrar habitaciones en los mejores moteles, en comparación con los sitios donde yo terminaba durmiendo.

A veces no había habitaciones, y a veces terminé durmiendo en la piojera del pueblo. Había gente que abiertamente se negó a ayudarme presentándome a otras personas, organizando reuniones y entrevistas.

> *Nunca permití que las barreras o la gente que las creaba se interpusieran en mi camino. En realidad, cuando encuentro resistencia mi nivel de energía se duplica o triplica, y comienzo a pensar cómo puedo superar los obstáculos.*

Cuando era joven me enojaba mucho al principio. Y luego pasaba mi tiempo pensando cómo podía hacer para trabajar alrededor de ellos. Hoy en día siento más decepción que furia hacia esas personas, pero intento entender por qué se comportan así.

No me importa si ya estamos a mediados de la década de los 90, todavía existen algunos prejuicios y ciertas formas de discriminación. En parte se debe a una función de la naturaleza humana, ya que, sin importar quién seas, todos tenemos nuestros prejuicios. Al mismo tiempo, hay algunos cuyos prejuicios llegan a tal nivel que afectan a sus semejantes de un modo negativo y destructivo.

> *Mi consejo es: entiende el prejuicio, reconócelo cuando ocurre e intenta hacer algo al respecto. Si puedes ayudar a educar a la gente, edúcalos. Si tienes que trabajar sin su ayuda, hazlo. Y en algunos casos, si tienes que pasar por encima de algunos individuos, también debes hacerlo.*

Desde el principio supe que tenía que ser mejor que todos los demás. Soy muy competitivo. Desarrollé esa mentalidad sabiendo que tenía que competir porque noté en muchas ocasiones que aun si todos nos desempeñamos con el mismo nivel de efectividad, la posibilidad de que le dieran un trabajo a alguien llamado Smith o Jones o Brown era mucho mayor de que me lo dieran a mí.

> *En mi caso el éxito se debe a dos cosas—mi actuación y un plan de acción. Puedo volver a mi pasado y decirte que básicamente estoy en el camino que le describí a mi esposa hace 20 años.*

Era director a los 25 años, cuando la edad promedio para ese cargo estaba entre los 40 y los 50 años. A los 32 años, era el vicepresidente más joven en la historia de la empresa. Los chicos de la nueva generación a veces creen que los viejos como nosotros no nos damos cuenta que los tiempos han cambiado. He hablado con jóvenes entre los 25 y 29 años de edad que creen que la vida es hermosa y los obstáculos en realidad no existen, que son la creación de gente que pasó por las décadas del los 60 y los 70.

Pero es un hecho, sin embargo, que si tomas a una persona latina y a una persona que no lo es, y ambos tienen la misma educación y un nivel comparable de calificaciones, y los vuelves a ver después de un período de cinco años, encontrarás diferencias en sus logros, en el nivel de su salario y su posición en la empresa.

Todavía existen los prejuicios. La gente quiere creer que los tiempos han cambiado. Yo quiero creer que las cosas son diferentes. Pero todavía existen temas de estructura, de sistema, que deben ser abocados.

Esos temas serán discutidos a medida que los latinos conseguimos acceso a los niveles más altos. La gente prestará atención a sus modelos, y con esto no quiero decir que los latinos y latinas sólo se fijarán en otros latinos y otras latinas. También me refiero al hombre anglosajón que descubre a una latina o a un latino que funda su empresa, y se da cuenta que ese empresario es inteligente, competente, capaz, esmerado, una persona que no discrimina a los demás. El ambiente no ha cambiado todavía. Hay una serie de datos empíricos que indica que no ha cambiado. Pero quizás llegue el día en que el desempeño sea el único elemento que importa.

Solomon Trujillo es presidente del U S WEST Communications Group, una empresa que provee un servicio de telecomunicaciones local y de larga distancia a más de 25 millones de abonados en 14 estados del centro y oeste de Estados Unidos. Basada en Denver, Estado de Colorado, el U S WEST Communications Group es una empresa con un capital de 9 mil millones de dólares y más de 51.000 empleados. Trujillo creció en el seno de una familia mexicano estadounidense en el Estado de Wyoming, y comenzó a trabajar media jornada como músico en la banda de su padre, *Sol Trujillo y Su Mariachi Brass*. Recibió su licenciatura y *master's* en administración de empresas en la University of Wyoming. Comenzó su carrera en la empresa Mountain Bell en Wyoming en 1974, y fue promovido a su cargo actual en julio de 1995. En 1994, fue electo a la junta de directores de la Dayton Hudson Corporation. Además preside el Tomás Rivera Center y es miembro de la junta de empresarios del Consejo Nacional de la Raza y la junta de visitantes para el Center for Politics and Economics en la Claremont Graduate School en California. Es miembro de la junta de consejeros de la Latin American Educational Foundation y U S WEST Technologies, y es miembro de la junta de directores de la U S WEST Foundation.

Por lo general empiezo mis discursos en inglés diciendo: "Lo que están por escuchar es un acento español, no un defecto del habla."

J. Carlos Tolosa
Vicepresidente Ejecutivo
Harrah's Casinos

NACÍ y me crié en Santiago de Chile. Vine a Estados Unidos a aprender inglés y terminé quedándome. Mi consejo es que aprendan el inglés y que lo sepan hablar bien. Les recomiendo que, si pueden, eviten hablar otro idioma hasta que dominen el inglés. Evité tratar con gente que hablaba español mientras aprendía la lengua. Fue un programa de inmersión completa.

> *Hay latinos que asesinan al inglés. Eso puede llegar a impedir su crecimiento en cualquier organización hasta que lo dominen.*

Cuando trabajaba como conserje nocturno de un hotel, había un acondicionador de aire en una habitación que goteaba mucho, y decidí clausurarla por esa noche hasta que los encargados de mantenimiento lo arreglaran a la mañana siguiente. Dejé una nota para el gerente general en la que escribí, "La habitación número 100 no puede ser alquilada esta noche, el techo está *licking*." (En inglés "goteando" es *leaking*, la palabra *licking* quiere decir "lamiendo".) Hoy en día, veinte años después, cuando lo veo, el todavía me dice, "El techo está *licking*."

Cuandro voy a comprar sábanas a una tienda, evito usar la palabra *sheets*, "sábanas" en inglés. No me atrevo a usarla porque si no la pronuncio debidamente puede sonar como *shit*, "mierda" en inglés. He cometido muchos errores de ese tipo. Todavía los cometo.

Otro problema de comprensión del lenguaje que he tenido en Estados Unidos es que había gente que creía que Carlos era mi apellido, ya que confundían la pronunciación de "Juan" con "one". Me llamaban Mr. Carlos. Por eso decidí dejar de usar mi primer nombre. Cuando la gente me pregunta por qué, les digo que sólo lo uso en América

Latina, ya que temo que en Estados Unidos la gente piense que tengo un hermano llamado Dos Carlos y otro de nombre Tres Carlos.

J. Carlos Tolosa es vicepresidente de operaciones de Harrah's Casinos en Memphis, Estado de Tennessee. Oriundo de Santiago de Chile, donde se crió, llegó a Estados Unidos en 1969, donde completó su licenciatura de la University of Southern Mississippi. Comenzó su carrera en un hotel de la cadena Holiday Inn y ascendió de director de alimentos y bebidas y gerente general hasta llegar a la vicepresidencia. También fue director general de operaciones y vicepresidente ejecutivo de operaciones en las Embassy Suites Hotels.

═══════════════

Mi experiencia indica que trabajando duro se obtienen resultados.

James Padilla
Director Ejecutivo
Jaguar Engineering and Manufacturing
Ford Motor Company

La idea de que hay una persona que está dispuesta a favorecerte está equivocada.

He notado que aquellos que son agresivos y persiguen sus objetivos y obtienen resultados, merecen la atención de los demás y son promovidos. Es así de simple.

No esperen que venga una persona caída del cielo y los ubique en su nuevo puesto. Depende de cada uno de nosotros y de las ganas de trabajar que demostramos. No alcanza con desearlo. Tenemos que hacerlo.

James Padilla es director ejecutivo de la Jaguar Engineering and Manufacturing de la Ford Motor Company en Dearborn, Estado de Michigan. Nació en Detroit, y recibió su licenciatura y *master's* en ingeniería química en la University of Detroit. Ingresó en Ford en 1966 como ingeniero de pruebas para control de calidad. Durante su carrera en Ford trabajó en las áreas de fabricación, desarrollo de productos, y asuntos de medioambiente y seguridad. En 1978 fue White House Fellow. Desde su regreso a Ford, ha ocupado cargos de gerencia en áreas de diseño e ingeniería, trabajando en modelos como el Escort/Tracer, el Taurus/Sabre, Mustang, Probe y Festiva. Fue nombrado director ejecutivo de Jaguar Engineering and Manufacturing en 1991, y dirigió el lanzamiento de la nueva serie de modelos XJ6.

Una vez que eres considerado como un recurso adentro de la organización, lo demás pierde importancia.

Dick Gonzales
Vicepresidente de Grupo
The Vons Companies

Sɪ observas a la mayoría de las organizaciones, notarás que las personas de éxito trabajan mucho más que el resto.

Hay gente que dice, "Si eres parte de una minoría étnica tienes que trabajar un 150 por ciento más porque comienzas con una desventaja." Eso puede ser cierto, pero el hecho es que la gente que obtiene el éxito trabaja mucho más que el resto de todos modos.

La gente logra tener éxito porque tienen algún tipo de ventaja: trabajan más duro, pero además trabajan en forma más inteligente, están mejor informados, mejor preparados y se convierten en un recurso fundamental. Es como ir a visitar a otro país. Tienes que entender el idioma y las costumbres y los rituales antes de poder contribuir.

Dick W. Gonzales es vicepresidente de grupo, recursos humanos de The Vons Companies en Los Angeles. Hijo de una familia de origen mexicano, Gonzales nació en el sudeste del Estado de Colorado, donde su padre era un trabajador agricultor ambulante.

≡≡≡≡≡≡≡≡

Cuando construyes tu red de contactos ayuda mucho ser creativo.

Alvaro Saralegui
Gerente General
Sports Illustrated

Durante los nueve meses que busqué un trabajo en el área de publicidad y medios, publiqué un boletín llamado *The Saralegui Report*.

Existe un boletín sobre la industria de los medios llamado *The Gallagher Report* que lee todo el mundo en ese ambiente. Decidí ir a un impresor, y usé el mismo tipo de letra para mi *The Saralegui Report*, y se lo envié a todas las personas con las que me entrevisté, ya que siempre te dicen, "mantente en contacto". Sé que no van a atender mis llamadas, porque están muy ocupados para hablar conmigo.

Mantuve a todo el mundo informado a través de mi boletín. Cada vez que me entrevistaban, agregaba un nuevo nombre a la lista para mantenerme en contacto sin que ellos tuvieran que dedicar su tiempo. Como era una copia de un boletín muy conocido en el ambiente, tenía su gracia, y la gente lo leía.

A las secretarias les causaba mucha risa. Lo ponían en la pizarra de sus oficinas. Incluía mis nuevas entrevistas en cada número para que mis lectores/contactos supieran cuando me entrevistaba con la editorial Condé Nast o la revista *Money*.

Cada vez que tenía una entrevista escribía, "La tirada aumenta en uno." "La tirada se dispara, *The Saralegui Report* llega a 12 ejemplares." Mis jefes potenciales podían ver que me entrevistaba en varias compañías y que no me daba por vencido. Era importante hacerles saber cuánto quería formar parte de ese ámbito mientras buscaba mi primer empleo.

Ellos pensarían, "Está determinado a trabajar en este medio, y demuestra cierta inteligencia publicando el boletín, que es una forma ingeniosa de contarme lo que está haciendo sin abusar de mi tiempo, cosa que aprecio." Me mantuve en contacto con gente muy valiosa de ese modo.

Por fin conseguí un empleo como asistente del gerente general del programa de souvenirs para las Olimpiadas de 1984. ¿Saben cómo titulé el último número del boletín? "Saralegui contratado para las Olimpiadas. *The Saralegui Report* cierra. Conseguí un empleo."

Alvaro Saralegui es gerente general de la revista *Sports Illustrated* en la ciudad de Nueva York. Nació en Cuba, y se crió en el condado de Westchester, Estado de Nueva York. Luego de graduarse de Dartmouth College, ingresó en la agencia de publicidad Benton & Bowles como aprendiz en el departamento de medios, y trabajó en *Cosmopolitan Latin America* como director de publicidad. En 1984 pasó a *Sports Illustrated* para trabajar en un proyecto de las Olimpiadas y está en la revista desde entonces.

===

Aprendí muy pronto que si haces un buen trabajo la gente sabrá respetarte. No podrás cambiar sus opiniones sobre las mujeres o los hispanos. Pero sí podrás cambiar la opinión que tienen de ti.

Norma Provencio
Socia
Arthur Andersen & Company

Uno de los errores más comunes que noto en muchas personas es que son capaces de desarrollar una buena relación con los líderes de una empresa cliente, y al mismo tiempo ignoran a la gente en niveles de menor importancia. Por otro lado, si supiste tratarlos bien, y esas personas pasan a otra empresa y se acuerdan de ti, es muy posible que te llamen en cinco años y se conviertan en tus clientes. Así avancé en mi carrera.

No quiero sonar como un anuncio, pero yo estoy convencida que las mejores relaciones de negocios son las personales.

Ingresé a Arthur Andersen en julio de 1979. Comencé como contadora, en el puesto más bajo del departamento. En ese momento, el 50 por ciento de los nuevos empleados eran mujeres, pero todavía no había mujeres socias en la oficina de Los Angeles.

Al comienzo, hay que demostar una actitud que diga "haré lo que sea necesario", pero creo que a medida que una avanza, no es sólo el trabajo intenso lo que cuenta para llegar el éxito. Hay que buscar oportunidades que te den visibilidad.

No alcanza con ser la mejor persona técnicamente. Hay que ser capaz de vender los servicios que una ofrece para mejorar los beneficios. Hay que intentar ubicarse en la vanguardia de la cambiante dinámica del ambiente, del negocio de tus clientes.

> *No importa que trabajo ocupas, siempre tendrás que vender. Vendes todos los días. Es posible que no tengas que vender un producto, pero estás vendiendo tu personalidad.*

Creo que fui la primera mujer socia auditora en el sur de California. Cuando me nombraron socia, mucha gente me envió cartas diciendo, "¡Has abierto la puerta!" En realidad no lo sentí así, porque ingenuamente pasé mi vida pensando que somos iguales, y el hecho de que alguien sea hombre o mujer, o negro o blanco, o latino o asiático nunca me importó.

Nunca quise ser un ejemplo para nadie. Pero me di cuenta muy pronto que aunque no quieras serlo, tienes una responsabilidad, y los demás tienen sus expectativas con respecto a ti.

Encontré varios obstáculos en mi carrera. Pasé mis primeros cinco años en trabajando en el área de gas y petróleo, y les puedo asegurar que no hay otro medio más machista y conservador. Encontré cierta resistencia a mí personalmente, pero la gente respeta un trabajo bien hecho, y si haces un buen trabajo serás respetada como profesional. Para mí es fácil tratar con la gente porque también soy una fanática de los deportes. Los deportes son una gran ayuda para romper las barreras. Una de las formas que me ayudan a desarrollar una relación con mis clientes rápidamente es hablar de cosas que les interesan. Yo juego al golf. Y al tenis. Y sé bastante de deportes como el baloncesto, el béisbol y el fútbol americano.

Si tienes un cliente que sabes que no se siente cómodo contigo, invítalo a jugar al golf por una horas, permítele que aprenda algo sobre ti, y cuando termine el día serás merecedora de su confianza. Habrán encontrado algo en común.

Una de las cosas que aprendí es saber disfrutar de todos los éxitos, sin importar cuán insignificantes parezcan. Hay que saber apreciar todos los logros, ya sea un proyecto de 10.000 dólares o uno de un millón de dólares.

Siempre fui capaz de hacer que la gente se sienta cómoda conmigo compartiendo algún detalle de mi vida. La gente se abre cuando comparte algo personal, y por lo general, al final del día, encontramos un elemento en común.

Norma A. Provencio es socia auditora de Arthur Andersen & Company, una firma contable en Los Angeles. Tiene más de dieciseis años de experiencia aconsejando a empresas con y sin fines de lucro en el campo de la salud. Es miembro de la Hispanic Association of Healthcare Executives y la Hispanic Association of Certified Public Accountants, y obtuvo su título en contabilidad de Loyola Marymount University. Creció en Monterrey Park, Estado de California.

_____

Al comienzo de mi carrera fui a trabajar para una pequeña empresa recién abierta. Nunca trabajé tanto en mi vida. Aprendí muchas lecciones.

Margarita Dilley
Directora de Estrategia y Desarrollo
INTELSAT

La primera lección fue que tienes que saber trabajar con gran ahinco. Sólo puedes aprender esa mentalidad en una pequeña compañía. En las grandes empresas todo está tan dividido que es difícil estar cerca del cliente a no ser que trabajes en ventas o marketing.

No abandones algo después de intentarlo una vez o incluso dos; si es algo que realmente te importa, continúa intentando. Tener un cierto instinto político es fundamental —la capacidad de "vender" lo que estás haciendo. Creo que los latinoamericanos tenemos ciertos talentos naturales en ese respecto, y eso nos otorga una ventaja.

Margarita Dilley es directora de estrategia y desarrollo corporativo en la International Telecommunications Satellite Organization (INTELSAT) en Washington, D.C., un consorcio comercial formado por 134 países que controla y opera un sistema global de veintiún satélites para servicios de telecomunicación. Ocupó una serie de cargos de mayor importancia en el sector de finanzas de COMSAT de 1983 a 1992, donde fue nombrada tesorera en 1987. Anteriormente trabajó en fusiones y adquisiciones para la J. Henry Schroder Corporation en Nueva York. Nacida en Nicaragua, obtuvo una licenciatura en química e historia de Cornell University, un *master's* en química de Columbia University y un *master's* en administración de empresas de la Wharton School.

═══════════════════════

Mi experiencia en los deportes me preparó muy bien para el mundo de los negocios.

Felix Rivera
Vicepresidente de Operaciones
Johnson & Johnson Consumer Products Company

LA industria más importante en Puerto Rico, donde nací y me crié, era la petroquímica. Ofrecía muy buenos empleos, y crecía constantemente, y por eso cuando ingresé a la universidad mi intención era intentar trabajar en ese campo. Por suerte la matemática y la química eran mis cursos preferidos.

Pude pagarme los estudios gracias a una beca de deportes. Jugaba al baloncesto como pivot. En esa posición debes actuar como el entrenador en el campo de juego, dirigiendo al equipo para que ejecuten las jugadas debidamente, ayudando al entrenador para implementar su plan de juego.

En el deporte hay que estar jugando y pensando todo el tiempo. Y creo que eso es una gran ayuda en el campo profesional cuando hay que tomar decisiones rápidamente. Tienes medio segundo para decidirte. En el mundo de los negocios tenemos un poquito más de tiempo, ¡creo que nos dan dos segundos!

Saber trabajar en equipo, aprender de los entrenadores, aprender del comportamiento de tus compañeros, todos esos elementos están relacionados con el éxito en el mundo de los negocios.

No alcanza con tener conocimientos. Llegarás al éxito creando alianzas con otros y desarrollando relaciones.

Felix Rivera es vicepresidente de operaciones en la Johnson & Johnson Consumer Products Company en Skillman, Estado de Nueva Jersey, la mayor empresa a nivel mundial de productos para el cuidado de la salud con ventas que superan los 15 mil millones de dólares. Nació y se educó en Puerto Rico, obteniendo su licenciatura en ingeniería química de la Universidad de Puerto Rico, y comenzó su carrera en la empresa Sandoz como ingeniero químico. Ingresó a J & J en 1984 donde estuvo a cargo de varias plantas en Puerto Rico antes de convertirse en el primer puertorriqueño en ser nombrado vicepresidente de operaciones en la oficina central de la empresa.

===

Los deportes son un gran "igualador" —si eres un buen atleta, serás aceptado sin que tu acento tenga importancia.

Roberto Muller
Presidente
The Muller Sports Group

URUGUAY es casi el país más pequeño en América del Sur. Es un lugar fantástico para crecer. Jugué al fútbol, al baloncesto, al rugby y practiqué otros deportes.

No conozco otro factor que pueda cruzar fronteras como el deporte. Piensa en la religión. Obviamente están los católicos, los musulmanes, los judíos y los protestantes. Encuentras culturas y etnias diferentes a través de varias partes del mundo. Pero Guatemala y Estados Unidos pueden competir en un deporte y no se trata de un país del Tercer Mundo contra una nación desarrollada. Son dos países jugando uno contra el otro.

Y luego puedes tener a China jugando contra Arabia Saudita. Uno es un país comunista, el otro un país musulmán, pero van a jugar con una pasión por el deporte que los une. Esa pasión que sienten los atletas y los fanáticos se encuentra en todos los países del mundo.

Este año estuve en China inaugurando un negocio de Reebok, y también tuve la oportunidad de conocer a Yeltsin durante una visita a Rusia. Y en todos los lugares que visito, encuentro fascinante que el lenguaje común del mundo es el deporte. Y me ha ayudado mucho.

Roberto Muller es presidente de The Muller Sports Group en Nueva York, consejeros estratégicos y tácticos de la industria de productos deportivos. Anteriormente trabajó como presidente y director de marketing para Reebok. Nacido en Uruguay, se graduó de Leeds University en Inglaterra y comenzó su carrera en la empresa Dupont Corporation. En 1975 fundó PONY Sports and Leisure, y la convirtió en una empresa con un capital de 250 millones de dólares operando en treinta y siete países. En 1987, estableció Phoenix Integrated, Inc., la compañía que mantiene Champion Footwear, Ewing Zapatos de Baloncesto y Sears/Winners.

SECRETO 3

═══════════

TREMENDA VENTAJA

En la nueva economía global y multicultural, tu origen latino es una gran ventaja—al igual que tu sensibilidad hacia otras culturas, tu capacidad de adaptación y tu idioma.

El consejo que les doy a mis hermanos y hermanas latinas basado en mi experiencia es que se mantengan siempre en movimiento, conserven la mente abierta y no esperen encontrar una carrera rectilínea que termine en el puesto más importante porque ya no existen. Busquen experiencias que puedan enriquecerlos, donde puedan aprovechar vuestra diversidad cultural.

Enrique Guardia
Vicepresidente de Grupo
Kraft General Foods USA

QUERÍA convertir la diversidad cultural de mis orígenes en una ventaja que actuara en mi favor. La compañía para la cual trabajo, General Foods, tiene una gran operación internacional, y me dediqué a seguir ese camino. Todos me aconsejaron que el grupo internacional no ofrecía ninguna oportunidad—ya que estaba fuera del campo general de concentración de la empresa, y que por lo tanto pasaba desapercibido. Pero creía que ir a trabajar a Europa me pondría en contacto con una gran variedad de culturas, y sería una experiencia muy útil.

Me ofrecieron un cargo en Inglaterra que acepté inmediatamente, a pesar de que no tenía la misma jerarquía que el que ocupaba en ese momento. Al tiempo de estar en Inglaterra la empresa me dijo, "Te necesitamos en Francia. Pero debemos decirte que nadie sobrevive en Francia. Es imposible trabajar con los franceses."

Quizás sea un ingenuo, pero me encantan los desafíos. Hablaba un poco de francés, y sabía que podía ser tan francés como los franceses. Y me convertí en uno de ellos. Vivía entre ellos, no con los otros extranjeros. Y aprendí a hablar el francés perfectamente, lo que me llevó un esfuerzo considerable.

Fue quizás la experiencia que definió mi carrera, porque llegué con muy pocas expectativas, esperando cualquier cosa menos la gloria o siquiera un triunfo modesto. De hecho, tres años más tarde me ofrecieron hacerme cargo de la operación europea de investigación y desarrollo.

> *Ser multicultural y multilingüe, especialmente en este mundo, es una gran ventaja. Busca las oportunidades y convierte tus diferencias en virtudes.*

La educación que recibimos en Estados Unidos nos hace sentir un gran temor antes de tomar ese tipo de riesgo. El típico gerente norteamericano en París se pasa el día quejándose porque París no se parece a Chicago. Por alguna razón es muy difícil aprender idiomas para los norteamericanos, al igual que tratar con culturas distintas. Pero te conviertes en un mejor competidor cuando puedes escoger el área en la cual quieres competir. París me dio el gran ejemplo. La mayoría de los norteamericanos estaban desesperados por irse. Yo me enamoré de París, ¡y hasta hoy me considero en parte parisiense!

No tenía una supervisión muy intensa porque mis jefes estaban a miles de kilómetros de distancia. Yo tomaba las decisiones. Unos quince años más tarde y ocho ascensos después me encontraba trabajando en la oficina central de la compañía, supuestamente a cargo de todo el mundo, y siempre decía que la diferencia entre trabajar en París y trabajar en la central en Estados Unidos es que en París no tenía un jefe. Yo era mi jefe. En la central tengo veintitrés jefes.

Siempre aconsejo a los latinos que el factor que los puede distinguir es la capacidad de mudarse a sitios diferentes. Hay muy pocas personas que se atreven a hacerlo. Pero debes mudarte por el bien de una carrera, no de un trabajo. Aprovecha la experiencia, aprende a ser tu propio jefe. Es un elemento que resulta cada vez más importante porque en muchas empresas como la mía, que emplea a gente en todo el mundo, la gente no parece capaz de decir, "Bien, acepto el puesto. Me mudo." No me refiero a Europa o Asia necesariamente, estoy hablando de sitios como Chicago. Lograr que una persona se mude de Nueva York a Chicago es tan difícil como hacer que se mude a otro país.

> *Hay gente que me dice que la diversidad cultural es una desventaja. Yo no acepto ese argumento. No creo que sea una desventaja. En el mundo en que vivimos es absolutamente fantástico que una persona hable español, que haya vivido en otras culturas y que sea capaz de entender costumbres diferentes.*

Dr. Enrique J. Guardia es vicepresidente de grupo de tecnología de Kraft General Foods USA en Tarrytown, Estado de Nueva York. Dirige todas las operaciones de investigación e ingeniería para la empresa, que produce bienes de consumo a nivel mundial. Nació el día de Navidad en Panamá, y completó su licenciatura y posgrado en la University of Washington en Seattle. Ingresó a General Foods como químico y ascendió a varios cargos en Battle Creek, Londres, París y Bruselas hasta ocupar el puesto que ejerce en estos momentos. Es miembro del National Hispanic Scholarship Fund.

El ámbito empresarial en Estados Unidos es cada vez más internacional. Eso ayuda a que tu diversidad étnica se convierta en una ventaja.

José Collazo
Presidente
Infonet

En un caso que se puede considerar de discriminación invertida, si eres un norteamericano de Ohio, es muy difícil que te acepten a nivel internacional. Los miembros de un departamento internacional pueden decir, "No tienes idea de lo que ocurre fuera de EE.UU." Te miran con cierto desprecio.

Los hispanos deben recoger su experiencia en el campo internacional si pueden, porque la diversidad de su origen actúa en su favor, ya sea por el idioma o por el hecho de que con frecuencia te aceptan por ser alguien que puede entender culturas diferentes.

===

Si te vas a dedicar a los negocios a nivel internacional, asegúrate de mantener tus raíces latinas.

Andres Bande
Presidente
Ameritech International

EL factor más importante para un hispano es no sólo saber pensar como un norteamericano si quieres competir en el mundo de los negocios internacionales. También debes adoptar una mentalidad internacional.

Un hispano debe saber aprovechar sus raíces hispanas, su cultura hispana y sus antepasados hispanos y proyectarse a nivel internacional. Si sus colegas no lo aceptan, sólo tiene que decirles, "Me han empleado porque deseaban que contribuyera con mis valores internacionales, cosmopolitas y multiculturales al ambiente empresarial." Es muy importante.

Estados Unidos forma una nación muy rica porque es una sociedad diversa y cosmopolita. Los latinos tienen una misión muy importante permitiendo que lo mejor de este país participe en el comercio internacional.

Andrés Bande es presidente de Ameritech International en Chicago, una empresa que desarrolla y gestiona inversiones globales en el área de la privatización de empresas telefónicas, compañías de comunicaciones inalámbricas y la edición de guías telefónicas. Anteriormente fue vicepresidente ejecutivo de U S WEST International y trabajó durante veinticinco años en el área de las telecomunicaciones internacionales. Es presidente del directorio del Chicago Committee on Hispanic Education, y presidente del Hispanic Business Roundtable. Nacido en Chile, recibió su título de abogado de la Universidad de Chile en Santiago y completó su *master's* en política y derecho internacional de Oxford University en Inglaterra. Durante el gobierno del presidente Bush, Bande fue presidente del directorio de la White House Commission on Educational Excellence for Hispanic Americans.

Los hispanos en EE.UU. ofrecen lo mejor de los dos mundos—la innovación y creatividad de los latinos, junto a la disciplina de los norteamericanos.

Roberto Muller
Presidente
The Muller Sports Group

CUANDO trabajé para la Dupont en Sudamérica, aprendí cuán profesionales eran los norteamericanos. Los latinos son más flexibles, más creativos e innovadores, y más adaptables a la sociedad global en la que vivimos. Y además son capaces de trabajar en las mismas condiciones de profesionalidad y eficiencia tradicionales en las empresas norteamericanas.

Nos adaptamos a los cambios económicos con más facilidad que los norteamericanos o los europeos. Por eso somos más flexibles en esta sociedad global. Podrás encontrar una gran cantidad de ejecutivos internacionales que salen de las filas latinas.

Me gusta extraer lo mejor de las dos culturas e integrarlas en mi vida.

Gerardo Villacres
Gerente General
CBS Americas

LLEGUÉ a Estados Unidos cuando era joven sin hablar inglés. Había tomado cursos, pero no es lo mismo que saber hablarlo. Lo más importante es el *shock* cultural que te espera cuando llegas de una cultura tan diferente. Me llevó cinco años hasta poder sentirme cómodo dentro de la cultura norteamericana, hasta que llegué a ser "bicultural". Fui despedido de un trabajo en la industria aeroespacial. Luego de pensarlo mucho, mi esposa y yo decidimos que volvería a la universidad ya que iba a cambiar de profesión. Mi esposa me mantuvo durante esos años. Recibí el seguro de desempleo por un tiempo. Fue una época difícil.

El hombre es quien debe mantener a su esposa en la cultura latina. La esposa no debe mantener a su marido. No es algo que se acepte. Pero debo admitir que tanto sus padres como el resto de su familia en Estados Unidos nos apoyaron en lo que hacíamos, un gesto que considero único e interesante.

> *Tenemos que ser flexibles cuando entramos en contacto con elementos de otra cultura que son positivos y que nos pueden ayudar a largo plazo, en vez de encerrarnos y decir, "Sólo esto está bien."*

No creo en la aculturación tanto como en la "biculturación". Creo que para tener éxito en este país, tenemos que "biculturarizarnos". Es muy difícil hacerlo para muchos latinos, sentirnos a gusto en la dualidad creada por dos culturas diferentes.

Para mí eso quiere decir sentirme cómodo con el idioma, ¡ser capaz de reírme con las bromas en los programas de televisión americanos y luego salir a comprar plátanos!

Gerardo Villacres es gerente general de CBS Americas en la ciudad de Nueva York, una red radiofónica que produce programación deportiva, noticias y espectáculos para sus afiliadas en Estados Unidos, Centro y Sudamérica. Nació en Riobamba, Ecuador, y creció en Quito. Llegó a Estados Unidos a los diecinueve años y obtuvo su licenciatura en contabilidad y comercio en Rutgers University. CBS lo reclutó mientras estaba en la universidad para trabajar en el departamento de auditoría interna. También trabajó en el departamento de asuntos comerciales y la producción de vídeos musicales para CBS Records.

Tenemos que dejar de hablar de los latinos como si fuera una obligación moral y empezar a divulgar las ventajas que ofrecemos en el mundo de los negocios.

Enrique Guardia
Vicepresidente de Grupo
Kraft General Foods USA

Escucho hablar todo el tiempo sobre la obligación ética y moral que las empresas tienen para emplear a negros y latinos. Es algo que respeto. Pero estamos en el mundo de los negocios para hacer negocios. Y en el mundo de los negocios tienes que venderle algo a un consumidor, y ese consumidor es el rey. Por eso les digo a mis hermanas y hermanos latinos, "Miren a quién le estamos vendiendo." Estamos vendiendo a todos los grupos étnicos en Estados Unidos y el resto del mundo.

> *Entender a tu cliente es el requerimiento más importante para tener éxito en los negocios. No podemos sobrevivir sin entender a los negros o a los latinos. ¿Y quién mejor que los mexicanos, los puertorriqueños, los cubanos y los afroamericanos para explicarnos esos conceptos? Quizás la palabra "diversidad" no sea adecuada. "Diversidad" implica algo diferente a la norma. En Estados Unidos hoy en día la norma es encontrar consumidores multiculturales.*

Soy latino, hablo español, entiendo la forma en que nos alimentamos, entiendo la forma en que mi madre cocinaba. Es una enorme ventaja que por lo general no discutimos porque estamos envueltos en discusiones con una dimensión moral y en temas como los programas de gobierno que obligan a las empresas norteamericanas a emplear a latinos. No estoy en contra de esos programas; sólo digo que es hora de ponernos a pensar cómo aprovechar lo que somos en lugar de creer que corremos una seria desventaja.

Tenemos que ser lo suficientemente humildes como para poder hablar de nuestros fracasos y extraer lecciones de ellos. Una de las oportunidades que nos perdimos en General Foods fue la posibilidad de crear una campaña de marketing dirigida a las diferentes etnias y ofrecer productos étnicos desde el comienzo. Trabajo en la industria de la alimentación, y siempre hablamos de lo que come la gente. Uno de los errores que cometí hace muchos años fue intentar vender mi imagen latina a la empresa haciendo comentar como, "Esto es perfecto, es exactamente lo que comen los latinos." En realidad hubiera sido mucho más inteligente decir, "Debido a la influencia latina, éstas serán las comidas que los anglosajones, los negros, los europeos y los japoneses comprarán."

Si tuviera que volver a hacerlo, lo hubiera presentado en otra manera. Hubiera dicho, "¡Llegará el día en que todo el mundo, incluyendo los habitantes de Peoria, Illinois, van a comer frijoles negros con arroz y salsas picantes!" Si visitas cualquier supermercado hoy en día encontrarás todo lo que comíamos en casa hace cuarenta años. Recuerdo cuando era imposible encontrar otro alimento latino que no fuera Tabasco en mi supermercado. Ahora se encuentran frijoles negros, salsas mexicanas, al igual que salsas de Jamaica y Louisiana.

Debería haber tenido la visión necesaria para poder decir, "Ésta es la comida del futuro", en lugar de haber dicho, "Claro, así come mi gente." La manera en que presentas el proyecto que tienes en tus manos es fundamental. Es mucho mejor vender una idea porque es un buen negocio que hablar de obligaciones morales e imperativos éticos. Y eso incluye venderte a ti mismo como una ventaja para la empresa.

Qué es la diversidad?

J. Carlos Tolosa
Vicepresidente Ejecutivo
Harrah's Casinos

La gente habla sobre la diversidad, pero no muchos entienden lo que significa. Sólo lo ven desde el punto de vista del color de la piel sin tener en cuenta la cultura y los valores que pueden ser tan diferentes dependiendo de su origen.

Si no provienes de una familia tradicional, no significa que corras con una desventaja. Al contrario, puede ser un gran elemento a tu favor.

Puede ser una experiencia que te haga más fuerte.

Ángel Martínez
Presidente y Presidente Ejecutivo
The Rockport Company

Mis padres se divorciaron poco después de mi nacimiento. Fui a vivir con una tía abuela. Cuando tenía tres años, mi tía abuela y su esposo decidieron emigrar a Estados Unidos, y nos mudamos a Nueva York. Ellos eran mis guardianes legales, pero en realidad fueron mis padres. Eran bastante mayores. Fue como ser criado por mis abuelos. Mis guardianes se mudaron a California en 1967. Me querían como si fuera su hijo, y yo los quería como si fueran mis padres. Cuando me adoptaron, ellos sabían que lo más importante en la vida es enseñarles a los niños a ser responsables por sus acciones.

Recuerdo tener mucha libertad cuando era niño, pero también recuerdo cumplir con el deber de la responsabilidad. Iba más allá de mi propia persona. Nadie tuvo que pedirme que llamara a casa a las once de la noche si iba a llegar tarde. Yo llamaba sin que nadie me lo dijera.

Muchos latinos son criados por otros miembros de su familia, como yo lo fui. Y la familia era todo. Porque entre mis guardianes y sus hijos, y los hijos de sus hijos, que tenían mi edad, formamos una familia muy unida.

Siempre tuve un impulso emprendedor, aun cuando era un niño en el Bronx. Limpiaba los pasillos de edificios los sábados y domingos, a tres dólares por edificio. Cuando nos fuimos a California conseguí una ruta para repartir diarios.

Cuando tenía quince años falleció uno de mis guardianes. Mi otro guardián estaba muy enfermo, y no tuvimos más remedio que recurrir a la asistencia social del gobierno, un programa llamado Aid for Families with Dependent Children (AFDC). Ahora están pensando en eliminar ese programa, olvidando que hay mucha gente que no tiene otra opción. Esa señora tenía setenta años, no hablaba inglés y sufría de dolencias cardiacas. Vivíamos en un pequeño apartamento y teníamos que obtener la ayuda de AFDC y los cupones de alimentos. Odiaba tener que hacerlo. Odiaba que me vieran usando los cupones. Un miembro de mi familia dijo, "No tienes otro remedio, eres pobre." Recuerdo la crisis que me provocó escuchar la palabra "pobre". No me sentía pobre, nunca me sentí pobre. No tener dinero no tenía nada que ver con ser pobre. Nos hacía falta el dinero, pero yo pensaba que era una situación pasajera. El hecho es que no sólo no me sentía pobre, sino que me sentía muy rico en lo que respecta a quién era yo y lo que significaba. Las competencias atléticas en las que me destaqué como corredor me ayudaron a pasar los próximos tres o cuatro años. Me dediqué de lleno a la competencia y me fue muy bien, y cuando me gradué de la secundaria me ayudó a determinar quién era y como me sentía al respecto por el resto de mi vida.

En mi familia, las únicas profesiones consideradas importantes eran la ingeniería o la medicina. En los primeros años de la universidad tomé cursos preparatorios para ingresar en la facultad de medicina, pensando que cumplía con mi deber familiar. Luego me di cuenta que lo odiaba. Creo que muchas personas son obligadas a asistir a la universidad para llegar a ser alguien importante. La gente olvida decirles que ya son personas que merecen nuestro respeto. El propósito de la universidad no es crear una oportunidad de trabajo. El propósito de la universidad es continuar los estudios y mejorar nuestros conocimientos.

> *La gente se preocupa demasiado en obtener un salario. Nadie se preocupa lo suficiente en el proceso de aprendizaje. Si puedes disciplinarte durante el proceso de aprendizaje para obtener conocimientos, entonces cualquier puerta estará abierta en tu camino.*

Ángel Martínez es presidente de The Rockport Company de Marboro, Estado de Massachusetts, subsidiaria de Reebok. Nació en Cuba, se crió en el Bronx en la ciudad de Nueva York y es graduado de la University of California at Davis, donde se destacó como atleta a nivel nacional en carreras de pista y carreras a campo traviesa. Ingresó a la entonces joven Reebok como vendedor en la costa oeste en 1980, concentrando la actividad de la empresa en el exitoso mercado de calzado para ejercicios aeróbicos además de abogar por el programa de premios Human Rights Now. Asumió la dirección de Rockport, una empresa con un capital activo de 300 millones de dólares, en 1993.

Creo firmemente que debes ser humilde, y que debes desear algo con todas tus fuerzas para obtenerlo. No existe la posibilidad de que desees o necesites algo y no lo consigas.

Fernando Mateo
Fundador y Presidente
Carpet Fashions

Siendo uno de los veinticinco hijos en mi familia, las cosas en mi niñez no eran muy sencillas en términos de tener acceso a mucho dinero. Contábamos con lo necesario para vivir—ropa, comida, educación—pero crecí hambriento.

Recuerdo que los niños en mi barrio usaban un calzado deportivo de marcas de moda: Converses y ProKeds. Yo usaba el modelo más barato, Skippies. Los chicos me miraban y se reían. "Mira a ese con sus Skippies." Por eso, desde la niñez siento el deseo de tener algo mejor. Siempre le temí al rechazo. Siempre temí ser menos que los demás.

Me sentí muy intimidado en el colegio. Mis compañeros más populares fumaban marihuana, usaban cocaína y hacían todo lo que estaba prohibido. Por un tiempo formé parte de ese grupo. Pero unos meses después me pregunté: "¿Qué rayos hago con esta gente?"

Encontré un trabajo de media jornada para mantenerme ocupado después de las clases, con una familia judía que vendía muebles para bebés. Trabajaba como ayudante. Me escondía detrás de las cajas para escuchar al dueño del negocio cuando vendía. Era el vendedor más brillante que jamás escuché, porque tenía hambre.

> *Cuando tienes hambre, cuando actúas con determinación, puedes lograr todo. La obligación que crea la necesidad te lleva a descubrir lo que tienes que hacer para obtener lo que quieras.*

Pero cuando entraban clientes que hablaban español, él no podía ayudarlos porque no hablaba el idioma. Entonces comencé a tratarlos. Repetía lo que él decía, pero en español. Conocía cada producto hasta los tornillos. Conocía cada cuna, cada cochecito, cada hamaca, todo. Sabía desarmarlos y volverlos a armar. Sabía cuáles eran las reglas para garantizar su seguridad. Entendí que había que conocer un producto para poder venderlo.

En poco tiempo era capaz de vender mercadería por un valor de 5 a 6 mil dólares a clientes que venían a comprar un cochecito. Les vendía una cuna, un cambiador, un armario y un cofre. Sabía que si les daba motivos para que me creyeran, si lograba que me tuvieran confianza, podría hacer lo que quisiera. Por eso me gané su confianza educándolos sobre los productos, demostrándoles por qué un producto era mejor que otro. Y comencé a vender y a vender.

A los 15 años dejé la secundaria porque quería ganar dinero, y aprendí un oficio. Aprendí a instalar alfombras porque mis hermanos trabajaban en esa industria. A los 17 me casé y comencé mi propio negocio, llamado Carpet Fashions. Me levantaba a las cuatro de la mañana y pasaba volantes debajo de las puertas. Llamaban al negocio y decían que habían visto el volante debajo de la puerta y me decían que necesitaban un nuevo piso de baldosas, o alfombrar un ambiente, y me pedían que les diera una idea del costo. Yo les decía que estaba muy ocupado en ese momento, pero en realidad no estaba haciendo nada. Estaba en un negocio vacío, sentado detrás de un escritorio, esperando que entrara un cliente.

Un día salí del negocio y me dije a mí mismo, "Tengo que conseguir un préstamo". Entré en la oficina de un gerente en una casa financiera, cerré la puerta con tranca, me arrodillé y le rogué que me diera un préstamo. "Por favor, otórgueme un préstamo, una cuenta de 500 dólares, mil, lo que sea." Él me dijo, "Muchacho, levantate. Te voy a dar un préstamo porque sé que tu vas a triunfar."

Me humillé, pero obtuve lo que quería.

Si sales a caminar en Nueva York notarás que cada edificio está en venta, que todo tiene un precio. Es cuestión de quién lo puede o no lo puede pagar. Sólo se vive una vez, y la vida se pasa volando. Ahora tengo 37 años. ¡Y no puedo creer lo rápido que pasaron los años!

Pasé de ser un niño a ser un hombre. Nunca tuve un momento de transición entre los dos estados. No tengo una educación secundaria. No tengo una educación universitaria, aunque me han dado títulos honorarios en varias universidades. Pero tengo sentido común y el deseo de triunfar.

Soy humilde. Y soy hambriento. Y no me da vergüenza pedir.

Es muy agradable poder darse lujos, pero también es importante recordar quién y qué nos ayudó a ser lo que somos. Nunca olvido de donde provengo y quién soy. Y siempre regreso a mi comunidad a tratar de hacer algo para mejorarla. Trato de ayudar a mi gente.

No me gusta culpar a los anglosajones por las condiciones en que muchos de nosotros vivimos. ¿Por qué culparlos? Ellos nunca vivieron aquí, nunca han venido a estos barrios. No culpes a los demás. Nunca diré que no puedo triunfar por culpa de otros. No, si yo no triunfo es porque yo decidí que no quería triunfar.

No creo en la mala suerte en esta vida. Si eres descapacitado, si estás muy enfermo o sufres de una condición muy grave, eso es una tragedia y otra cosa. Pero si gozas de buena salud, el mundo te espera. Peter Jennings, el presentador de noticias de la cadena de televisión ABC, nunca terminó la secundaria. Hay mucha gente sin educación que termina siendo multimillonaria. ¿Por qué? Porque tienen sentido común. Y porque lo desean de verdad.

Fernando Mateo es fundador y presidente de Carpet Fashions, Inc., en la ciudad de Nueva York, una empresa de instalación de alfombras. Creció en Nueva York. Comenzó a vender muebles mientras estaba en la escuela secundaria y fundó Carpet Fashions a los diecisiete años. En 1993, junto a su hijo Fernando Jr., creó y puso en marcha un plan llamado "Juguetes por Armas" y "Bienes por Armas", un programa que permitió retirar 4.000 armas de fuego de las calles de Nueva York, recibiendo la atención del mundo entero e inspirando proyectos similares en otras ciudades. En estos momentos está a punto de lanzar otra empresa, Mateo Express, un servicio de transferencia de capitales entre Estados Unidos, el Caribe y América Latina.

Si desarrollas una actitud arrogante, podrás arruinar el resto de tu vida y evitar que puedas lograr tus objetivos.

Dan Garcia
Vicepresidente Ejecutivo
Warner Brothers

La vida no es siempre justa. Estudié en una escuela católica donde los estudiantes eran chicos mexicanos de los barrios más pobres de Los Angeles. Más adelante me llevaban por autobús a otra escuela donde la mayoría de los alumnos eran anglosajones. De un día para el otro me convertí en un villano. No podía relacionarme con ninguno de los chicos, y ninguno de ellos podía relacionarse conmigo, por lo que me la pasaba solo. Fue realmente humillante. Me aislé del grupo, estaba callado todo el tiempo y me sentía inferior a los demás. Así me sentía.

Sólo cuando ingresé al servicio militar comenzó a cambiar mi forma de pensar, y lo que ayudó al cambio fueron los tres años de estudios universitarios que había completado. Mi educación era mejor que la de la mayoría de mis oficiales superiores, pero eso no les hizo pensar que fuera otra cosa que un tonto, y fue interesante observar la forma en que me trataron. Fui herido en combate en Vietnam. Regresé a mi unidad de combate después de haber recibido heridas graves en el tórax, con un pulmón perforado. En la mesa de operaciones un doctor de Texas me informó casi riendo que tendría que regresar al frente. Hubo una conmoción en la sala. Las enfermeras comenzaron a gritarle al doctor por ser un racista. Esas cosas ocurrían.

No hubiera podido ingresar a UCLA si no fuera por uno de los programas para admitir minorías. Quedé un punto por debajo del mínimo requerido en el examen de admisión regular, porque se necesitaba un porcentaje de 97 y saqué 96.

Mientras buscaba trabajo en un bufete de abogados, recuerdo la cantidad de veces que miré a mi alrededor y realicé que era el único latino en la oficina y que probablemente era el único latino que esa gente haya visto en su vida. El contraste fue aún más pronunciado las primeras veces que fui a Nueva York, cuando era joven de piel oscura y el pelo largo. Esos estudios de abogados en Wall Street nunca vieron a alguien como yo. Había gente que ponía caras cuando me veían. ¿Pero sabes? Sobreviví una guerra. En ese momento de mi vida ya no era fácil intimidarme. Simplemente no les hice caso. Y me di cuenta que después de un tiempo la mayoría de la gente aprende a cambiar.

Tendrás que soportarlo por un tiempo, pero después de un período inicial la gente aprende a responder a la calidad de tu trabajo—o a la falta de calidad en tu trabajo. Ésa es la lección que aprendí. A veces es difícil aceptarlo, pero si dejas que el miedo te domine puede afectarte mucho, y entonces pierdes confianza y no puedes desempeñarte bien.

> *Puedes hacer que la gente se vuelque a tu favor con la calidad de tu trabajo.*

Los bufetes de abogados no se destacan por crear un ambiente de trabajo comunitario y cordial. Y lo que me distinguía de los otros abogados era que como el mundo nunca me trató con gran afecto, no iba a trabajar pensando que me iban a querer. Para mí era un trabajo. No tenía esa necesidad de ser querido, y como resultado, lo veía como un negocio. No me sentí herido como muchos de mis colegas anglosajones que sufrieron cuando se vieron compitiendo entre ellos. De repente no fueron tratados con cariño, ya no eran los primeros en su clase. Sólo eran otros abogados en la firma y eso fue un golpe muy duro para muchos de ellos.

Dan Garcia es vicepresidente ejecutivo de Warner Brothers en Burbank, Estado de California. Creció en el barrio Crenshaw de Los Angeles, recibió su licenciatura de Loyola University en Los Angeles, un *master's* de la University of Southern California y un juris doctor de UCLA. Comenzó su carrera en el bufete Munger, Tolls en Los Angeles en 1974, fue nombrado socio en 1978 y trabajó como abogado litigante en juicios hasta 1991, ocupándose de todo tipo de casos, desde ley inmobiliaria hasta contratos y seguros. Ingresó en el estudio Warner Brothers en 1991, trabajando en asuntos inmobiliarios y relaciones públicas. Fue sargento de pelotón del ejército de EE.UU. durante la guerra de Vietnam, donde fue herido en combate en varias ocasiones. También presidió la comisión que suspendió al Comisionado del Cuerpo de Policía de Los Angeles, Daryl Gates, en 1992.

CONFIDENCIALMENTE

La primera vez que enfrenté la realidad de ser diferente, me sentí como una banana en Noruega.

Vicepresidente ejecutivo de 47 años de
una empresa entre las
Fortune 500

TUVE una recepción desagradable cuando fui asignado a trabajar en una fábrica en el Estado de Michigan. Si estuviera frente a un tribunal, no creo que pudiera probar que fue por ser latino, pero ser un extranjero hablando con acento, ser una persona diferente, con un titulo universitario, no me ayudó a integrarme, y me recibieron como quien recibe un cáncer de páncreas.

Hasta ese momento había vivido en medios mucho más protegidos, en una universidad, con gente que hablaba varios idiomas, en un centro de investigaciones que era como una torre de marfil donde nunca tuve que enfrentar el hecho de que era diferente a otros.

Hacía diez años que vivía en Estados Unidos. Jamás escuché que alguien me llamara por un nombre insultante en cuanto a mi origen étnico. Ésta resultó ser la primera situación que me obligó a enfrentar la realidad. Era alguien diferente, y probablemente fui percibido como una amenaza. Escuché toda clase de insultos raciales. Era parte de la vida en ese sitio.

"¿Qué rayos haces aquí quitándole el puesto a otro?" "¿Por qué no regresas a tu país de porquería donde te necesitan?" Ésos eran algunos de los comentarios que escuchaba. Y fue una experiencia inolvidable. Porque realmente estaba motivado para destacarme, ya que sabía que las reglas en mi caso iban a ser diferentes. Por eso trabajé el doble que los demás y, por lo que recuerdo, logré tener éxito. Esa fría recepción resultó ser una gran motivación. Quería demostrarme a mí mismo que podía hacer un gran esfuerzo. No le recomendaría a nadie que lo reciban de esa manera, pero ese tipo de desafío puede ser una gran motivación. En mi caso lo fue.

La red de contactos de la familia puede ser una gran ventaja para llegar al éxito.

Adela Cepeda
Fundadora y Presidente
AC Advisory

¿Es posible llevar un matrimonio, tres hijos y mi propia empresa? Claro que sí.

Ahora, las cosas no siempre están perfectas. Mi casa no luce como yo quisiera. Hay marcas de crayolas en los muebles y en las paredes. Hay individuos que no han desarrollado los hábitos y costumbres que yo quisiera. Pero tengo que aceptarlo. Tengo que saber vivir con esa realidad.

Hay épocas en que los niños son muy difíciles, cuando tengo que ir a buscarlos, o cuando la persona que los cuida no puede hacerlo. Pero las latinas tenemos una enorme ventaja al respecto, y me ha beneficiado en gran parte. Venimos de familias que aceptan el concepto de que cuando las generaciones jóvenes trabajan, la generación mayor ayuda.

Por ejemplo, mi esposo se enfermó el año pasado. Y mi madre se vino a vivir a nuestra casa. Mis padres nunca se habían separado, pero ella vino a ayudarnos de todos modos. Y no lo hizo porque nosotros no pudiéramos pagarle a una persona que nos ayudara, sino porque alguien ayudó a mi madre de la misma manera. Mi abuela vivió con nosotros y nos crió cuando mi madre trabajaba. Y cuando mi abuela tenía que salir, venía una tía a quedarse con nosotros. Supongo que mi madre creyó que era su turno de darme una mano. Las mujeres latinas disfrutamos de la enorme ayuda que ofrece la familia para cuidar de nuestros hijos. Tuve una tía que vivió seis años con nosotros, cuidando a mis hijas, y nosotros la mantuvimos a cambio. Ella adora a los chicos, por lo que todo lo que tenía que ver con ellos era su responsabilidad. ¿Y quién mejor que la familia para hacerse cargo de los niños?

Las latinas enfrentamos más obstáculos en la vida, y es algo que nos hace más fuertes.

Ramona Martínez
Propietaria
Uniglobe Travel Agency

Trato de ayudar a muchas estudiantes latinas. Participé en la fundación del National Hispanic Leadership Institute. Y me alegra saber que la mayoría de sus miembros son bilingües. Saben usar los idiomas para llegar al éxito. Demuestran tanta confianza y determinación, especialmente en la pequeña empresa. Tienen que saber que pueden hacerlo, pero también deben saber que requiere mucho trabajo y que encontrarán muchas frustraciones.

Hace unos años mi hermana y yo decidimos abrir nuestra propia agencia de viajes. Estábamos casadas y con hijos grandes. Les dijimos a nuestros esposos que queríamos comprar la agencia y que pensábamos visitar bancos para conseguir un préstamo. Fuimos a varios bancos y todos nos rechazaron. Pero nuestros cónyuges nos dieron su apoyo. ¡Lo hubiéramos hecho sin ellos de todos modos!

Estábamos particularmente molestas con el banco en el cual teníamos una cuenta corriente. Nos dijeron que como éramos mujeres casadas no podían aprobar un préstamo sin las firmas de nuestros maridos. Entonces decidimos formar una corporación entre los cuatro. Y pudimos obtener el préstamo para comprar la agencia gracias a que nuestras finanzas estaban en muy buen estado. Las mujeres que quieren comenzar sus propias empresas todavía encuentran muchos obstáculos en las instituciones financieras, especialmente si declaran los impuestos a Hacienda en forma conjunta con sus esposos. Fue muy difícil, pero encontramos la forma de hacerlo.

Los primeros años fueron muy duros. Nunca cobré un salario completo. Y resultó muy frustrante ver cómo me cerraban las puertas cuando me ocupaba de ventas y marketing. La excusa que me daban era, "No tienes experiencia en el mundo de los negocios." Ésa fue la mayor decepción, mientras intentaba conseguir la mayor cantidad de clientes posible para comenzar a generar beneficios y sacar nuestra agencia adelante. Me llevó la mejor parte de dos años.

Mis padres se sorprendieron cuando comenzamos el negocio. "Seguro que no dura más de un año", dijo mi madre, y probablemente hubiera tenido razón si no fuera por nuestra determinación. Logré que fuera un éxito porque supe incluir a mi familia. Mi hermana es mi socia. Y estoy convencida que las latinas somos más fuertes que la mayoría de las personas. En primer lugar somos mujeres. Y en segundo lugar somos miembros de una minoría étnica. Las latinas enfrentan más obstáculos todo el tiempo, algo que nos da una ventaja cuando entramos en el mundo de los negocios.

Ramona Martínez es propietaria de la Uniglobe Travel Agency en Denver, Estado de Colorado. Creció cerca del centro de la ciudad, en el seno de una familia de origen mexicano que reside en Denver desde hace seis generaciones, y trabajó para el Denver City Council. Fundó Uniglobe con su hermana en 1986. Es miembro fundadora del National Hispanic Leadership Institute.

===

Las mujeres latinas se imponen limitaciones si no saben reconocer su talento.

Marcela Donadio
Socia
Ernst & Young

CRECÍ en Panamá, en un ambiente donde no hay distinciones que determinen quién es miembro de una minoría étnica, algo que nunca comprendí hasta que vine a vivir a Estados Unidos. No te impongas limitaciones. Muchos de mis clientes parecen sorprenderse cuando les digo que soy panameña. Si bien me siento orgullosa de mi origen, no creo que se deba usar como una excusa o ventaja. No debe tener importancia. Mis logros se deben a mis talentos y habilidades.

Puedes tener éxito en tu carrera y mantener una familia al mismo tiempo. Tienes que ser feliz en tu hogar y en tu empleo. Y tienes que definir tus prioridades. A veces tu familia será lo prioritario, y a veces lo será el trabajo. Tienes que ser capaz de reconocerlo. Y cuando tomes la decisión no te sientas culpable.

Mi esposo acostumbra a decir que pienso más como un hombre que como una mujer. No sé si eso es cierto. En Panamá muchas mujeres ocupan posiciones de alto poder y han trabajado toda la vida. Fui a una escuela de mujeres, y hace poco leí que las mujeres que asistieron a esas escuelas tienden a ser buenas líderes porque no tuvieron que preocuparse por competir con los hombres.

===

Ser latina es mi mayor ventaja.

Nely Galan
Presidente
Galan Entertainment
Twentieth Century Fox

SER latina me hace ver la vida más como un viaje que como una serie de objetivos que debo cumplir. Ser latina es algo muy positivo en el mundo de los negocios, porque nos otorga algo especial. Nuestra cultura concibe a la vida como un viaje, porque se trata de disfrutar el proceso. Esa forma de orientarse te ayuda en el mundo de los negocios porque te permite ser más abierta a una serie de elementos diferentes. Te inspira a ser más flexible, y te permite escuchar a los demás. También te ayude a crecer, porque esa actitud proviene de una cultura que reconoce la posibilidad del fracaso. Nos permite ser vulnerables y sufrir un revés, y ser ambiciosas y determinadas al mismo tiempo.

> *La cultura latina es muy matriarcal. Mucha gente no lo ve de esa manera, pero lo es. Las mujeres pretenden dejar que los hombres se salgan con la suya, pero en realidad se hace lo que ellas quieren, y son conscientes de su poder como mujeres. En el mundo de los negocios eso es una gran ventaja.*

No creo en pasar desapercibida. Creo que la vida se trata de crear una personalidad única, y saber aprovechar esa característica especial para atraer a otras personas a tu mundo y hacerles ver que es muy agradable. No intento ser lo que no soy, no trato de mantenerme callada, no trato de seguir la corriente en un medio corporativo, no uso ropa que nunca me gustaría lucir. Trato de ser como soy. Sólo aquellos que se sienten amenazados por ti no te permitirán que seas como quieres ser.

> *Creo que las latinas no conocen el miedo. Ése es otro factor que favorece el éxito.*

Tres amigas me llamaron para pedirme que les enseñara a no tener miedo. Yo no creo ser una persona que no tenga miedo. Les tengo miedo a muchas cosas. Pero creo que el miedo se puede superar desarrollando confianza en algo. Sólo cuando me falta confianza sobre algún aspecto, siento un poco de miedo. En ese momento sé que tengo que enfrentar ese miedo para conquistarlo. Creo que es la parte más difícil en mi caso: tengo miedo de sentirme vulnerable. Viví un evento en particular que cambió mi vida. Me acusaron de plagio en la secundaria. Escribí un trabajo tan bueno que las monjas pensaron que lo había copiado. Llamaron a mis padres. Lo que me dolió era que participaron a mis padres. Ellos eran lo que más quería proteger en mi vida. Ese día, según mi madre, ocurrió una metamorfosis, de santa a bestia. "De ser una niña medida con la mejor conducta de la clase, te convertiste en una bestia con una boca de temer y ninguna tolerancia a las tonterías", me dijo. Realmente cambié del día a la noche. Creo firmemente que los seres humanos pueden cambiar del día a la noche. Así ocurrió en mi caso.

Fue un cambio instantáneo. Recuerdo cómo era, y al día siguiente me sentía una persona diferente. Me acusaron injustamente, y decidí que no permitiría que volviera a ocurrir. Me di cuenta que no sirve ser débil. Encontré que ya no podía sentir compasión por los débiles, ¡aunque admito que fui uno de ellos!

Nely Galan es presidente de Galan Entertainment, una empresa de Twentieth Century Fox en Los Angeles. Nació en Cuba, se crió en el Estado de Nueva Jersey y comenzó como asistente de redacción en la revista *Seventeen* a los diecisiete años. Animó y produjo una variedad de programas de televisión para cadenas como HBO y E! antes de comenzar su empresa con Fox, dedicada a producir películas y programas de televisión latinos para Estados Unidos y el mercado internacional.

*No esperes a que te sirvan todo en una bandeja.
Tienes que crear tu próximo empleo. Demuestra
que eres tú quien puede hacerlo, decídete a llevarlo a cabo y diles: "Éste es el salario que pretendo y éste es el título que deseo."*

Esther Rodriguez
Vicepresidente
General Instruments Corporation

LAS mujeres hispanas que intentan tener éxito en Estados
Unidos deben considerar el hecho de que tienen la buena
fortuna de ser tanto bilingües como biculturales. Usen eso
en forma positiva. Ha sido una de mis mayores ventajas.

*Ser latina es una tremenda ventaja en el mundo de
los negocios.*

Comencé mi carrera en Chicago en el departamento de
marketing internacional para una empresa de productos de
consumo. Siempre pensé que la próxima oportunidad estaba a la vuelta de la esquina, y antes de que me ofrecieran
un empleo, me dediqué a crear mi próximo puesto. Y ése es
el consejo que siempre les doy a las personas que han trabajado conmigo.

Eso fue lo que hice cuando estaba en Chicago. Cuando ex-
presé mis deseos en cuanto a título y salario a la persona
para quien trabajaba en ese momento, me dijo, "Pero ya
casi lo tienes." "Sí", respondí, "pero *casi* no cuenta." Arries-
gué mi empleo y le dije, "Mira, me puede ir mejor en
cualquier otro trabajo, ya sea en esta empresa o en otra. Y
pienso renunciar si no respetas mis necesidades."

Tuve que pelear hasta el último minuto, y hasta ese momento mi supervisor no pensaba que me atrevería a hacer lo que le dije. Ya estaba haciendo el trabajo por el que quería ser reconocida y recompensada. Decidí salir en busca de alternativas para conseguir lo que deseaba. Y finalmente lo conseguí.

> *Cuando veas una oportunidad, persíguela. Y una vez que has demostrado que sabes hacer el trabajo bien, pide que te reconozcan. Muy pocas personas pueden negártelo. Es muy difícil ignorar los resultados.*

Te daré un ejemplo. Tuve la oportunidad de ir a la Ciudad de México para promover uno de nuestros productos a pesar de que México no formaba parte del territorio bajo mi jurisdicción. Me reuní con un grupo de ejecutivos que formaban parte de la junta del directorio de las empresas más importantes en la industria de la televisión por cable en México. La mayoría eran técnicos, con una formación en ingeniería. Fui capaz de explicarles, en español, y de tal forma y estilo que respetara su cultura, cuáles eran los beneficios de nuestros productos para sus empresas. Salí de la reunión con un contrato firmado, y pude crear una de las mejores relaciones personales en mi carrera.

Regresé con el contrato firmado. Y el presidente de mi compañía dijo, "¿Cómo? ¿Tú lograste que firmaran el contrato?"

"Sí", le dije. "Aquí está." Muchos de mis colegas que trabajan en el área latinoamericana, pero que no tienen mis conocimientos o mi cultura, fueron incapaces de lograrlo.

El hecho es que cada uno de los medios en México ha adaptado nuestra tecnología. Es el país que utiliza la mayor cantidad de nuestros productos en el mundo, con la sola excepción de Estados Unidos. Y me ha ayudado a firmar un acuerdo histórico con el gobierno mexicano para crear una red educativa vía satélite que será visto por las 170.000 escuelas en territorio mexicano. El impacto social de ese proyecto para el pueblo mexicano será tremendo. Y el hecho de ser latina y lograr que nuestros clientes sientan que están tratando con alguien que entiende sus necesidades y a ellos mismos ha sido una tremenda ventaja para mí y para la compañía.

Esther L. Rodriguez es vicepresidente en el área de desarrollo de nuevos negocios para Satellite Systems de General Instruments Corporation en San Diego, Estado de California, y es una experta en la industria de satélites, televisión para suscriptores y marketing de programas de televisión. De 1987 a 1992 fue gerente general del G.I. Satellite Video Center. Nació en Cuba, se graduó de la Universidad de La Habana y comenzó su carrera como ejecutiva de mercadeo internacional para la Alberto-Culver Company en Chicago.

====

CONFIDENCIALMENTE

La gente muchas veces piensa que todos los hombres latinos son machistas cuando en realidad no todos lo somos.
Presidente de 37 años de una empresa

UN episodio en que ser latino creó un obstáculo en mi carrera ocurrió cuando trabajaba en una organización donde la mayoría de mis colegas eran mujeres. Estábamos en un curso en Nueva York, y mientras caminábamos de regreso al hotel, le hice un comentario a una de mis colegas. Cuando me llamó un "cerdo latino chauvinista", pensé que no podía creer lo que oía.

"Ése fue uno de los comentarios más machistas que he escuchado en mi vida", me dijo. "Pero, después de todo no podía esperar otra cosa de un latino."

Decidí enfrentar la situación. Le dije, "Trabajo para una empresa latina, soy de California, soy latino. Y eso es todo lo que probablemente vuelvas a escuchar de mi boca."

Me sorprendió mucho en ese momento porque obviamente me había calificado como un machista desde el comienzo. Ella asumía que yo era un chauvinista, un lotario latino sexista, y más adelante se dio cuenta de su error. Esa imagen creada obstaculizó la posibilidad de que pudiéramos desarrollar cualquier tipo de amistad.

Le dije que si ésa era la clase de persona que creía que era, entonces ella siempre iba a interpretar lo que dijera de acuerdo a mi origen, sin importar realmente lo que dijera.

Siempre debes manejarte con cautela en situaciones de ese tipo porque la gente tiende a catalogarte, o por lo menos tener nociones preconcebidas sobre tu persona, por ser de donde eres o por tener un apellido que no es anglosajón.

Podía haber comenzado una guerra contra ella, pero decidí distender la situación y hacerla mi aliada. Desde ese momento se convirtió en una de mis mejores amigas.

SECRETO 4

IMAGEN

La imagen es un elemento fundamental para los latinos. Nunca subestimes el aspecto "pasivo" del éxito. La impresión que creas y la forma en que presentas tus ideas pueden ser tan importantes como su contenido.

La impresión que dejas y la forma en que presentas tus puntos de vista son a veces más importantes que el contenido de tus ideas. Ése es un obstáculo del cual los hispanos debemos ser conscientes.

José Ofman
Vicepresidente y Ejecutivo de Grupo
EDS

POR lo general las cosas son como se perciben, no como son necesariamente. Para los hispanos existen diferencias culturales importantes de las que, debido a la forma en que nos educamos, no siempre somos conscientes cuando tratamos con personas que no son hispanas. Si, por ejemplo, el inglés es tu segunda lengua, y no dominas la gramática, no importa que buena o inteligente sea tu idea, no se percibirá como tal.

Hablar con un acento es parte de mi vida, pero escribir incorrectamente no lo es. Puedo hacer algo al respecto. He visto las mismas ideas presentadas por dos o tres personas distintas, y veo como son aceptadas determinado puramente y exclusivamente por la forma en que fueron presentadas.

Tenemos que aprender a desarrollar una sensibilidad a otras culturas y ser conscientes de las diferencias culturales. Los hispanos podemos parecer muy agresivos cuando discutimos. Nos acercamos mucho a nuestro interlocutor y el volumen de las voces es más elevado que el de los anglosajones, y muchos no somos conscientes del impacto que puede tener.

Sería estúpido decirte que ser hispano es irrelevante. La gente absorbe lo general de la imagen que presentas, y ser diferente es un problema en la mayoría de los casos, y yo era decididamente diferente. Era una barrera que tenía que superar. Por suerte trabajaba en una empresa que sabe respetar el mérito individual. Por eso todavía estoy en la misma compañía 23 años después. El único modo de progresar es haciendo méritos.

José Ofman es vicepresidente y ejecutivo de grupo de EDS en Plano, Estado de Texas. Tiene una licenciatura en ingenieria mecánica de la Universidad de los Andes en Colombia, además de ser licenciado y *master's* en ciencia e ingeniería mecánica de la University of Pittsburgh, y se integró a EDS en 1972.

CONFIDENCIALMENTE

¿Acaso tengo las palabras "acción afirmativa" grabada en la frente?
Ejecutivo de marketing de 32 años

Es muy probable que la mayoría de los anglosajones no hayan tenido contactos importantes (en el sentido que le dan en el mundo de los negocios) con muchos latinos. La forma en que se comportan a veces me hace creerlo. Son capaces de decir cosas como: "Tú no tienes acento cuando hablas inglés" o "Trabajas tan duro". ¿Qué rayos quieren decir con eso? "Usted se expresa muy bien." Me han calificado de esa manera en tantas entrevistas. De cuarenta entrevistas que tuve mientras estaba en la universidad, escuché decir que "me expresaba muy bien" en unas viente. No bromeo. Y cuando alguien me dice, "Sabes, tú trabajas mucho", me pregunto, "¿Te sorprende?"

Claro que trabajo mucho. No estaría en donde estoy si no fuera por los sacrificios que realicé. Pero me pregunto con qué frecuencia se usa ese comentario para hablar de los anglosajones. Nunca he sido un anglosajón en una entrevista. Pero les pregunté y me dicen que ninguno ha tenido que escuchar comentarios como "No tienes acento cuando hablas inglés, sabes expresarte muy bien, trabajas muy duro". Te alegra que reconozcan esas cualidades, y poder contradecir sus prejuicios, pero también piensas, "Dios mío, ¿quieres decir que tú también suponías que iba a ser un holgazán y que no sabría comunicarme?" ¡Eso me daba miedo!

Tomo algunas decisiones en forma intuitiva y lo considero perfectamente válido. Si algo me dice que no debo hacer esto o aquello, no lo haré. Pero esa conducta se considera irracional, emocional, femenina, latina. Si no estás de acuerdo o discutes algún punto, se debe a tu "temperamento latino". Una vez durante una reunión de la junta de directores, estaba discutiendo un punto sobre el presupuesto con un colega y me dijo, "Cuidado con ese temperamento latino." No estaba gritando. ¿Cómo puedes volver a establecer tu autoridad después de un comentario de ese tipo? Mi solución fue hacer una broma al respecto. Me reí y le dije, "¡Demuestras inteligencia si aprendes a temerme!"

No quiero echar a perder las relaciones y contactos que he desarrollado. Me llevó mucho tiempo construirlos, por lo que no pienso destruir nada.

La imagen es un elemento fundamental, especialmente para los latinos y los afroamericanos. Nunca subestimes el aspecto "pasivo" del éxito.

David Morales
Presidente
Comunicaciones Broadband, Scientific Atlanta

IBM me enseñó a comprender la importancia de la imagen. La forma en que lucías, cómo te presentabas, con quién te asociabas—todo eso era fundamental.

> *Hay un componente activo del éxito y hay un com-
> ponente pasivo del éxito. Necesitas de ambos para
> asegurarte el éxito a largo plazo.*

El trabajo que realizas es el componente activo del éxito. El componente pasivo se forma de la presentación de la imagen adecuada a tu persona, la forma en que te vistes y hablas y las personas con quienes te asocias.

Nunca subestimes el aspecto pasivo del éxito. Mis colegas en IBM que trataron de ir en contra del sistema tuvieron problemas serios. Por ejemplo, estaba muy de moda en la empresa usar camisas con cuello abotonado y zapatos formales. Los individualistas que rebelaron contra esto no lo pasaron muy bien, sobre todo cuando sus resultados no eran muy buenos.

La imagen es muy importante, y más aún si eres parte de una minoría étnica. Tienes que darles motivos a los demás para que encuentren algo en común contigo. Es muy importante. Tienes que lucir como alguien que puede hacerlo, tienes que actuar como una persona que puede integrarse en un grupo y tienes que desempeñarte bien.

═══════════

*Nunca vas a ser parte de grupos tradicionales.
No olvides tu origen. Acomódate sin comprometer tu integridad.*

Israel Bulbank
Presidente del Directorio y Presidente Ejecutivo
Unalite Electric & Lighting Corporation

LAS virtudes más importantes que puedes traer a la mesa son la honestidad, la integridad y la confianza. Nunca olvides quién eres o tu origen a pesar de las circunstancias. Tienes que aprender cómo operar, y a acomodarte sin comprometer tu integridad. Es una linea muy difícil de caminar. En ocasiones querrás poner distancia de muchas de las cosas que ocurren en el mundo de los negocios. Tú debes marcar el límite. Encontrarás situaciones en las que algunas personas impondrán exigencias indebidas si quieres trabajar con ellos. Pero si van en contra de tus principios o tu integridad, si no consideras que sea una forma apropiada de trabajar, no lo hagas.

Vi a muchos tomar decisiones poco éticas, y en pocos años sus negocios se vinieron abajo porque carecían de una base sólida.

Israel Bulbank es presidente del directorio y presidente ejecutivo de la Unalite Electric & Lighting Corporation en Long Island City, Estado de Nueva York. Nació en Cuba y estudió en New York University. Trabajó en una empresa importadora y exportadora, prestó servicio militar en el ejército de EE.UU. y fue ejecutivo de una compañía de energía eléctrica antes de dirigir a Unalite en 1976.

═══════════

Las personas con un origen étnico diferente desean ser consideradas seriamente en el ámbito profesional. Es una aspiración positiva. Pero tampoco lo debes agotar.

Antonio Rodriguez
Vicepresidente Ejecutivo
Seagram Spirits & Wine Group

Algunas veces las personas que pertenecen a una "minoría étnica" están tan determinados a realizar lo correcto para ser considerados como profesionales que tanto desafían la imagen preponderante del latino—holgazanes, impertinentes o cualquier otro tipo de prejuicio—y se toman demasiado en serio. Recuerda ser más humano, recuerda ser caluroso en tu trato con los demás. Esos rasgos de tu conducta también son elementos importantes para tener éxito —y marcan tu capacidad para tratar bien al prójimo. Creo que si le preguntaras a mi jefe qué opinión tiene de mí te diría que mi capacidad técnica es buena, pero que me destaco del resto por mi talento para relacionarme con los demás. Es un factor más importante que mi educación y cualquier otro talento que poseo. Es lo que me hace diferente de los demás. Si alguna vez llego a la presidencia de una compañía y puedo dirigir a mis colegas, no será por mi título de Princeton University. Lo que cuenta es la capacidad de motivar a la gente y trabajar en equipo. Y para hacerlo no puedes darte el lujo de ser frío y distante. Tienes que saber reírte con ellos de vez en cuando. Tienes que ser capaz de bajar la guardia. Tienes que invitarlos a tu casa y poder desarrollar una relación. Tienen que conocer a tu familia, y tú debes conocer la suya.

El sentido del humor es muy importante en general para los negocios, sin importar de donde provengas. Pero también debes reconocer el momento apropiado para expresarlo. En las finanzas, mi área de trabajo, la gente espera que seas aburrido. Si logro captar su atención con una broma en el momento adecuado, será más fácil para ellos entender lo que quiero decir y prestar atención cuando hablo. Pero también debes saber en qué momentos no debes bromear.

A veces cuando entrevisto a posibles candidatos, parecen cortados con el mismo molde, tan serios y formales. Con esto no quiero decir que te pongas a contar chistes durante la entrevista. Pero a la gente que no puede demostrar un lado más humano de su personalidad le costará tener una larga carrera, en esta compañía por lo menos, independientemente de sus calificaciones. Somos muchos más eficientes cuando disfrutamos trabajando en equipo, porque es en esos momentos que las ideas comienzan a surgir.

Los hispanos deben ser firmes y expresar lo que piensan. La honestidad intelectual siempre da buenos resultados.

Emilio Alvarez-Recio
Vicepresidente, Publicidad Global
Colgate-Palmolive Company

EN la cultura hispana existe una marcada tendencia a ser muy amable, a querer encantar a los demás, a querer ayudar. Pero nuestro deseo de ser amables, de servir a los demás, se confunde en ocasiones con la servidumbre, la falta de voluntad, o se ve como una incapacidad de formar una opinión sobre un asunto en particular, cuando nada puede estar más lejos de la realidad.

> *Es importante poder afirmarse, es importante expresar nuestra honesta opinión sin pensar en las consecuencias. Pero hay que tener cuidado; tampoco debemos hablar por hablar.*

La mejor arma que puedes tener en el mundo de los negocios es crear una reputación de honestidad intelectual, y saber expresarte bien. Si puedes combinarlo con la inteligencia y la voluntad de trabajar, tienes una fórmula ganadora.

Emilio Alvarez-Recio es el vicepresidente en el área de publicidad global de la Colgate-Palmolive Company en Nueva York, una empresa que fabrica productos de consumo. Ingresó a Colgate en 1967 y ha ejercido varios cargos en la empresa en Estados Unidos, Europa, Asia, España, Oriente Medio y América Latina, entre los cuales se incluyen la presidencia de la división de América del Norte, presidente de

Colgate-Palmolive España y presidente de Colgate-Palmolive Filipinas. También es miembro de la junta de directores de National Westminster (NatWest) Bank. Nació en Cuba, estudió leyes en la Universidad de La Habana y comenzó su carrera en el departamento de *marketing* de Richardson-Vicks.

No temas defender algo en lo que crees con pasión.

Dr. Pedro Cuatrecasas
Presidente de Investigaciones
Parke-Davis

No creas que el rechazo de tus ideas sea un rechazo de tu persona. Vuelve a examinar tus propuestas y preséntalas nuevamente en una forma que puedan recibir más apoyo. Por ejemplo, trabajé desarrollando un medicamento que prometía mucho, pero el departamento de ventas no creía que fuera a tener gran aceptación. Continué trabajando con ellos, explicándoles las ventajas del producto, y hoy en día genera miles de millones en beneficios para la empresa.

Me entusiasmo inmediatamente por el trabajo de otros. El entusiasmo es contagioso y es un atributo poderoso para inspirar a otros—demostrando tu interés por ellos, en su trabajo, haciendo preguntas, sabiendo escuchar y animándoles para que intenten algo diferente.

Dr. Pedro Cuatrecasas es presidente de investigaciones para Parke-Davis, una gran empresa farmacéutica ubicada en Ann Arbor, Estado de Michigan. Completó su licenciatura y su doctorado en medicina en Washington University, hizo su internado y residencia en medicina clínica en Johns Hopkins University y trabajó en el National Institute of Health, Burroughs Wellcome y Glaxo antes de ingresar a Parke-Davis. Es autor de más de 400 publicaciones científicas.

Debes saber adoptar una posición cuando sea necesario.

J. Armando Ramirez
Vicepresidente Ejecutivo
National City Corporation

Sɪ tu trabajo es bueno, creo que con el tiempo serás reconocido. Pero si crees que algo se debe hacer, exprésalo. Y debes ser capaz de exponer motivos para justificar tu opinión. Es muy fácil analizar algo infinitamente sin llegar a tomar una decisión. Llega el punto en que necesitas decir: "Bien, ya sé todo lo que debo saber y esto es lo que recomiendo."

J. Armando Ramirez es el vicepresidente ejecutivo en el área de adquisiciones y fusiones para la National City Corporation en Cleveland, Estado de Ohio.

Cuantifica tus resultados.

Dan Gomez
Presidente
Bell Atlantic Directory Graphics

Aᴘʀᴇɴᴅɪ́ muy pronto que en un empleo, si puedo conseguir resultados y puedo cuantificar esos resultados para los demás, tendré más oportunidades. Tienes que asegurarte de que te están viendo, y debes decirles cómo contribuyes en forma concreta. Eso no quiere decir que debes estar llamando la atención constantemente. También tienes que formar parte del equipo.

Dan Gomez es el presidente de Bell Atlantic Directory Graphics en Norristown, Estado de Pensilvania, una división de la Bell Atlantic

Corporation. Nació en Topeka, Estado de Kansas, y se crió en Springfield, Estado de Virginia. Recibió su licenciatura en economía de Wharton y un *master's* en administración de empresas de Virginia Polytechnic Institute & State University.

═══════════════════

CONFIDENCIALMENTE

Me decían el latino de muestra.

Presidente de división de una compañía de servicios de computadoras de 43 años

NUNCA escondí mi origen étnico. Pero una vez me sentí insultado cuando la empresa realizó un reporte anual sobre sus empleados. El tema del reporte era "La diversidad". El primer colega descrito era el único ejecutivo negro de alto nivel. El segundo era yo. El tercer colega era una señora en otra división. Como comentó uno de mis amigos, lo único que faltaba era una japonesa lesbiana. Originalmente, cuando me hicieron la entrevista dijeron, "Queremos incluirte en el reporte porque eres el vicepresidente más joven." En su lugar, me incluyeron como "El latino de muestra".

Me pareció una farsa. Si aplicamos un sistema de cuotas, lo único que vamos a conseguir es perjudicarnos a nosotros mismos. Porque en ese caso no podré hacer lo que hago todos los días, que es entrar en mi oficina sabiendo que llegué ahí gracias a mi talento. Si vamos a permitir que haya gente comentando a tus espaldas que has llegado gracias a una cuota impuesta por el gobierno, vamos a perder nuestro orgullo.

Sí, debemos asegurarnos de que la gente tenga la oportunidad para desarrollarse. Pero si te encierras demasiado, pierdes. No pierdes sólo frente a esas personas que quieren perjudicarte, sino que pierdes frente a aquellos que puedes ayudar.

Hoy en día hay una gran cantidad de hombres y mujeres de diversos orígenes étnicos ocupando puestos impor-

tantes. Pero mi presidente sabe que el mundo de los negocios es tan competitivo que si no cuenta con los mejores va
a perder, porque el ser políticamente correcto no cuenta demasiado en el momento de discutir el valor de las acciones
de nuestra empresa. Así es la vida.

Cuando las universidades más prestigiosas de Estados
Unidos no aceptaban mujeres, sólo consideraban el 50 por
ciento del total de posibles aspirantes. Se equivocaron completamente. Ahora que han abierto sus puertas han mejo-
rado el nivel de aspirantes, porque la peor mitad de los
hombres no era tan inteligente como la mejor mitad de las
aspirantes mujeres. Ahora pueden escoger entre los mejores
de todos los aspirantes.

En el mundo de los negocios es igual. Digo "abrir las puertas" en lugar de "exigir". Nadie dice que tenemos que tener
un 50 por ciento de mujeres. Abre las puertas a los mejores
candidatos y luego nos preocupamos de los promedios. Si
resulta que el 90 por ciento de los empleados son latinos,
está bien. Entiendo que puedo parecer demasiado idealista,
pero de eso se trata. De eso se debe tratar la diversidad.

Sé firme en tus asuntos—¡pero suave con la gente!

Luis Lamela
Presidente
CAC–United HealthCare Plans of Florida

EL momento decisivo en mi carrera ocurrió en 1988. Trabajo
para una empresa de asistencia médica en el sur del Estado
de Florida, incluyendo la zona de *Little Havana*, y perdíamos
dinero. Fuimos adquiridos por el Ramsay Group de Australia, quienes se dieron cuenta después de comprarnos que
teníamos más problemas de lo que ellos pensaban.

Los australianos vinieron a hablar con los directores de
nuestra empresa, y sentíamos terror porque pensábamos
que nos iban a despedir. Como latino que soy, estaba encan-

tado y enfadado al mismo tiempo. Me paseaba por todos lados. Otros me miraban y me decían, "Cálmate Luis, sólo queremos hablar contigo."

"Estoy tranquilo", les dije, "¡Más tranquilo que esto sería imposible!" Luego les dije, "Miren, estoy molesto porque pensé que una compañía como el Ramsay Group que ha hecho esto, y esto y aquello"—y les di una lista de las cosas que habían hecho y de las que había leído—"pensé que íbamos a mantenernos concentrados, disciplinados y dispuestos a atacar nuestros problemas.

"¿Y saben lo que pienso? ¡Cuando pensé que veía la luz al final del túnel resultó ser la luz de un tren cargado de mentiras! ¡Ustedes no saben lo que están haciendo!"

Al día siguiente pensaba irme de vacaciones. El sueño de mi madre era ir a París y había ahorrado suficiente dinero para llevarla a pasar unos días. La gente me decía, "¿Cómo? ¿Estás loco? ¿Te vas en medio de esta locura?"

Resultó que Paul Ramsay, el presidente del directorio del Ramsay Group, quedó encantado con mi viaje porque él es una persona que adora a su familia. Me dijo, "Sé que te vas de vacaciones, ¿pero podrías dejar de hablar de los problemas y decirnos cómo arreglarlos?"

"Ah, ¿y crees que los únicos problemas son los que nombré?", le dije. "¡Déjame que te cuente más!" Hacía diez años que estaba en la empresa y conocía todos los problemas en todas partes de la compañía. Mis ideas eran las mismas que había presentado a la dirección anterior, pero nunca fueron implementadas.

> *A veces la gente pasa demasiado tiempo tratando de decir lo que la otra persona quiere escuchar.*

Soy muy flexible en mi trato con la gente, pero muy firme cuando se trata de los temas. Digo la verdad. Y así continué, golpeando el puño sobre la mesa. Ellos tomaban notas y yo continuaba a toda velocidad. Finalmente me pidieron que escribiera mis ideas, para que pudieran estudiarlas mientras estaba de vacaciones. Recibí un llamada de los australianos mientras estaba en París. Me dijeron que habían decidido nombrar a un australiano como presidente de la compañía y que yo trabajaría con él. En lugar de despedirme, me ascendieron. Cuando regresé, les dije lo que necesitábamos para sacar la empresa adelante. "Tenemos que reagruparnos", les dije. "No va a ir muy bien al principio, y va a llevar un tiempo." Nos reagrupamos. Les dije que iba a llevar 18 meses para poder salir adelante, pero sólo tomó 14 meses. Nos reorganizamos y construimos una nueva empresa, y desde julio de 1989 hasta hoy cada mes ha dado beneficios. Desde hace tres años hemos estado en la lista de la revista *Fortune* de las 100 compañías de crecimiento más rápido en Estados Unidos, y en 1994 nos fusionamos con la United HealthCare Corporation, la empresa de asistencia médica en EE.UU. más admirada por la revista *Fortune*.

> *No te rindas, pase lo que pase. Puedes caerte un millón de veces, ¡pero sigue adelante!*

Sé sensible con los demás, entiende lo que necesitan y lo que no necesitan y tóma el tiempo para educarlos sobre los temas importantes y cómo discutirlos. No te desvíes de los temas importantes. Pero tóma tu tiempo para tratar con la gente.

Luis Lamela es presidente de CAC–United HealthCare Plans of Florida en Coral Gables, Estado de Florida, una compañía que se distingue por ser la primera empresa de asistencia médica licenciada en el estado, celebrando veinticinco años de servicio a la comunidad. Nació en Camaguey, Cuba. Se graduó de la University of Florida con una licenciatura en farmacéutica y tiene un *master's* en administración de empresas de la University of Miami. Comenzó su carrera como gerente de farmacéutica para Treasury Pharmacy; ingresó a Ramsay como director de farmacéutica en 1974 y ascendió a varios cargos hasta ocupar la presidencia en 1992.

La falta más grave que puede cometer cualquier persona que trabaje para mí es golpear la puerta de mi oficina, entrar y preguntarme, "¿Qué quieres que haga?"

Hector Ruiz
Vicepresidente Ejecutivo y Gerente General
Paging Products Group
Motorola, Inc.

Es un defecto que demuestra una falta de imaginación para crear ideas originales y presentarlas.

Reúne el nivel de autoridad que consideres necesario para la tarea que tienes por delante. Tienes que tomar riesgos y es probable que tengas algunas demoras. No lo subestimes. Es algo que debes esperar y saber aceptar.

No importa en qué nivel de la organización te encuentres, debes asumir un papel particular. No permitas que otros te digan cuál debe ser. Asúmelo por tu cuenta. Presta atención a lo que otros esperan de ti, pero sigue tu camino cumpliendo una función que te parezca importante.

Además, no olvides que nosotros los latinos nacemos con una ventaja para el mundo de los negocios, una sensibilidad especial hacia otras culturas.

Hector Ruiz es vicepresidente y gerente general del Paging Products Group de Motorola, Inc., en Boynton Beach, Estado de Florida, donde dirige las operaciones de su departamento en todo el mundo. Proviene de una familia de origen mexicano de Texas, y obtuvo su licenciatura y *master's* en ingeniería electrónica de la University of Texas en Austin, además de un doctorado de Rice University. Ingresó a Motorola en 1977 como gerente de operaciones en el grupo de semi-conductores de la empresa. Es director del Hispanic Engineer National Achievement Awards.

========

Aprende a distinguir cuando puedes dar una respuesta immediatamente y cuando debes decir: "Bueno, creo que esta es la respuesta, pero tenemos que verificarla".

Ed Gonzalez
Socio
Skadden, Arps, Slate, Meagher & Flom

LA tentación es terrible cuando hablamos con clientes que exigen respuestas instantáneas. Pero al final de cuentas, lo importante es estar en lo cierto. No tienes que tener todas las respuestas inmediatamente cuando trabajas en un área compleja. A veces es mejor dar una respuesta medida. Pero también debes reconocer que estás tratando, por lo menos en mi campo, en un medio comercial, por lo que no tienes mucho tiempo para encontrar las respuestas. Tienes que mantener el equilibrio.

Edward E. Gonzalez es socio en el bufete de abogados Skadden, Arps, Slate, Meagher & Flom en Los Angeles. Está a cargo de cuestiones impositivas en una variedad de transaciones, incluyendo las fusiones y adquisiciones, instrumentos financieros emitidos en Estados Unidos y en otros mercados internacionales, compras apalancadas, reestructuración de deudas, financiamientos a base de activos, y disputas impositivas. Ha aconsejado tanto a bancos como a empresas en la estructuración de varias adquisiciones, financiaciones y refinanciaciones. La lista de empresas incluye a Carr-Gottstein Properties, Inc., Price/Costco, Occidental Petroleum Corporation, Turner Broadcasting System, Inc., The Walt Disney Company y Merrill Lynch & Co. Tiene un A.B. (*summa cum laude,* Phi Beta Kappa) de Princeton University, y un J.D. de Columbia University.

El respeto y la deferencia característicos de nuestra cultura pueden ser confundidos por una falta de confianza.

Andres V. Gil
Socio
Davis, Polk & Wardwell

En la cultura latina por lo general somos mucho más respetuosos, en particular hacia las personas mayores y aquellas en posiciones de autoridad. Así me educaron. Básicamente no podías enfrentarte a los mayores, a tus superiores inmediatos. Te enseñan a respetar a los mayores. El primer día de trabajo en el bufete de abogados, llamaba a mis colegas "Señor", especialmente a los socios. Finalmente uno de ellos me dijo, "Te ruego que dejes de llamarme *señor.*" Y me di cuenta después de un tiempo que el respeto que formaba parte de mis raíces culturales se veía como una falta de confianza o de conocimiento.

Aprendí otra lección importante trabajando con un colega en la empresa que es mucho más agresivo, el tipo de persona que entra a una sala y toma el control de la situación. Por momentos, mientras lo observaba, quería esconderme debajo de la mesa, pensando, "Dios mío, está haciendo que la gente se sienta incómoda." Pero me di cuenta que en la mayoría de las ocasiones terminaba ocupando la cabecera en la mesa y creando la agenda de la reunión. No era combativo, era una forma de hacerse escuchar.

Puedes hacerte escuchar si estás preparado y sabes de lo que estás hablando. Yo no podía actuar como mi colega. No era capaz de entrar en una sala con esa agresividad y hacerme cargo de la situación. Pero había otras formas de hacerlo que se adaptaban mejor a mi carácter, sin ser agresivo, pero presentando un punto de vista bien razonado y demostrando mis conocimientos.

En la cultura latina, por lo general la jerarquía está basada en el principio de que cada uno debe esperar su turno. Cuando seas lo suficientemente mayor, la gente te respeta. Veo ejemplos constantemente en América Latina. Pero la cultura en Estados Unidos es diferente. Si esperas a que llegue tu turno, nunca ocurrirá.

Andres V. Gil es socio del bufete de abogados Davis, Polk & Wardwell en Nueva York, especializado en ofertas de títulos, privatizaciones y adquisiciones recíprocas, empresas conjuntas y reglamentos de títulos. Fue admitido al colegio de abogados de Nueva York en 1982 y el Conseil Juridique de France en 1985. Es miembro del Colegio Interamericano y del Colegio Internacional de Abogados y es director del Puerto Rican Legal Defense and Education Fund. Nació en Cuba, es graduado de Princeton University y New York University School of Law, e ingresó a la Davis, Polk en 1980 como asociado temporario.

Cuando te sientas deprimido, peléalo con todas tus fuerzas y no pierdas las compostura. Porque entonces pierdes dos veces.

Felix Rivera
Vicepresidente de Operaciones
Johnson & Johnson Company

UNO de los momentos más difíciles en mi carrera ocurrió entre 1988 y 1989, cuando Johnson & Johnson tenía dos plantas en Puerto Rico. Trabajaba en una de ellas; la otra era una operación más pequeña. Las dos plantas estaban bajo la administración de un solo gerente. Más tarde la empresa decidió llenar ese puesto y separar las plantas. Planeaban tener dos administradores, uno con una enorme responsabilidad a cargo de 500 empleados y el otro con 90. Creía ser el candidato con las mejores calificaciones para el trabajo más importante. Me dieron el otro.

Resultó ser muy frustrante porque había pasado una

larga temporada en la planta más importante. Y me dolió mucho cuando no me dieron el puesto. Era una persona muy testaruda con la gente que trabajaba para la empresa a nivel nacional. Era muy duro en la planta y defendía mi sistema de valores. Y es posible que no me dieron el puesto más importante porque querían una persona que fuera capaz de trabajar en equipo. Yo creía que formar parte de un equipo era hacer lo que ellos quisieran. A veces no nos daban las respuestas adecuadas y fui muy duro con la gerencia norteamericana.

Cuando me enteré que no me habían dado el puesto, mi primera reacción fue, "Que se vayan al infierno." Pero luego decidí demostrarles lo que podía hacer, y trabajé con el mayor esmero. Trabajé muy duro en mi puesto, y dos años más tarde recibí la visita de un nuevo vicepresidente de operaciones. Observó la situación y luego me pidió que me hiciera cargo de las dos plantas y una tercera en la isla. Dos años más tarde terminé a cargo de la pequeña planta, de la más grande y de la nueva planta recién adquirida.

En los momentos más difíciles, no reacciones en forma negativa a la empresa, ni digas, "Qué injustos que son." Tienes que analizar la situación y decidir si te vas o si vas a trabajar más intensamente.

═══

La cultura empresarial puede desprestigiar a los hispanos además de crear expectativas poco realistas.

Don Flores
Editor
The El Paso Times

Algunas de las mejores peleas en el mundo de los negocios se están llevando a cabo en estos momentos en torres de acero y cristal y en las salas de reuniones de directorio, lejos de las cámaras y de los reporteros, donde los latinos nos abrimos camino paso a paso y hacemos lo posible para que nuestra influencia se sienta cada vez más. Por otro lado, si dedicas demasiado tiempo a esas actividades políticas puedes perder tu credibilidad cuando se trata de cumplir con el deber más amplio que supone el cargo de gerente. Pero si sólo puedes hablar del mismo tema, y te conviertes en un gerente monotemático. Por otro lado, si no te dedicas a la política habrá quienes piensan que no eres un hispano de verdad. Algunos podrán decirte, "Eres un conformista. Te has vendido al bando enemigo."

En el medio periodístico, nuestros lectores hispanos esperan que seamos muy hispanos y nuestros lectores no hispanos dirán, "¿Por qué publican todos estos asuntos hispanos en el diario? ¿Acaso no vivimos en Estados Unidos?" Tienes que conformar a las expectativas de puntos de vista diferentes. En algunos casos resulta imposible, y eso puede enloquecerte.

Hay días en que puedo llevarlo bien, y hay días de los otros. Intento mantener el equilibrio, y sé que si hay gente en ambos extremos que intenta imponer su opinión es muy probable que esté haciendo bien mi trabajo. Pero también hay días cuando regreso a casa deseando estar en Butte, en el Estado de Montana, donde el hecho de ser hispano no tendría mucha importancia.

Ser un hispano en El Paso es diferente a serlo en el sur del estado de Texas, lo que a su vez es diferente de ser un hispano en Washington, Nueva York o Los Angeles. Estoy aprendiendo más sobre mí mismo en El Paso que en Iowa City. Y me alegra porque estoy descubriendo quién soy—un Flores con una rica historia. Me crié en un hogar pobre sin agua corriente, con padres que nunca terminaron la secundaria pero que apreciaban la educación, y trabajé duro para llegar a donde estoy en estos momentos. Puedo visitar escuelas y hablar de eso. Puedo comunicarme con los jóvenes que están pasando por una situación similar. "Estuve en la misma situación que ustedes. Viví la misma experiencia. Y logré superarme." Eso es lo que puedo ofrecerle a la comunidad.

> *Algunas empresas esperan que un hispano actúe de la misma forma que una persona graduada de las universidades americanas más prestigiosas con 10 o 15 años de experiencia —una persona muy agresiva, desafiante, proyectando su personalidad todo el tiempo. En realidad, la mayoría de los gerentes hispanos para quienes trabajé son muy reservados. No son personas que se están promoviendo y no dan la impresión de estar tan entusiasmados. Eso puede ser mal interpretado. Pero vamos, claro que estamos muy entusiasmados. Simplemente se trata de una cultura diferente.*

En ocasiones me han planteado este interrogante, "¿Podrías ser un poco más agresivo?"

Bueno, posiblemente soy la persona más agresiva que exista. Pero en reuniones del directorio, o en sesiones muy concurridas, no soy yo quien ocupa el centro del escenario, y algunos de nosotros nos sentimos incómodos llamando la atención.

Los hispanos tienen la mala imagen de no ser lo suficientemente agresivos y comunicativos de acuerdo a las exigencias de la cultura considerada dominante. Si es así, una gran parte del problema es que trabajamos dentro de una cultura empresarial que no siempre admite las diferencias con las que contribuimos.

Don Flores es editor del periódico *The El Paso Times*, un diario de la cadena Gannett en El Paso, Estado de Texas. Anteriormente ocupó cargos en la redacción y gerencia de los diarios *Iowa City Press-Citizen*, *The Tucson Citizen*, *The New Mexican* y *The Dallas Morning News*. Nació en Goliad, Estado de Texas, y es graduado de Southwest Texas University en San Marcos, Texas. Comenzó su carrera periodística como editor de deportes en el diario *San Marcos Daily Record*. Fue presidente de la National Association of Hispanic Journalists y jurado del Premio Pulitzer, y es miembro del grupo de trabajo sobre las minorías étnicas en los periódicos de la American Newspaper Publishers Association.

════════════════════════

La importancia que los latinos le dan a la humildad puede ser una poderosa herramienta para llegar al éxito.

Frank Alvarez
Vicepresidente
Kaiser Foundation

LA directora de una agencia de colocación me invitó a almorzar. En un momento de debilidad acepté su invitación. Luego de hablar durante una hora sobre quién era y lo que hacía, me dijo, "¿Sabes algo? No te vendes muy bien." "¿Qué quieres decir?", le pregunté. Y me dijo, "¿Por qué no hablas de los mejores días de tu carrera, o tus grandes logros?" "Es una buena pregunta", le respondí.

Lo que quería decirme era "Si quieres tener éxito, tienes que hacer ruido." Es algo que me cuesta mucho hacer. Supongo que nunca estaré a cargo de una de las empresas entre las *Fortune* 500 porque no sé decir "yo".

Debido a nuestra formación cultural, muchos latinos aprendemos a valorar la humildad y evitar hablar de nosotros mismos. Pero también es posible pasarse para el otro extremo. En una ocasión fui un candidato para una promoción. Hacía bien mi trabajo, obtenia beneficios considerables, y fui a la entrevista sin ningún tipo de preparación. Había pasado una larga temporada dentro de la empresa y pensé que mi reputación era muy buena. Pero resulté ser un desastre. Estaba actuando en forma presumida y arrogante, porque creía que ésa era la actitud que esperaban de mi parte. No me dieron la promoción. Reclutaron a una persona de otra compañía, que desconocía la manera en que conducíamos nuestra actividad.

Para mí el golpe fue doble—el rechazo por no conseguir el empleo, y luego tener que preparar a un desconocido para que fuera mi jefe. Todas esas emociones salieron a flote; pensaba, "Ya no pertenezco a esta empresa. Me voy inmediatamente. Voy a hacer algo diferente." Fue probablemente el momento más difícil a nivel personal en mi carrera porque me sentía rechazado. Finalmente reconocí el problema. Ellos querían trabajar en equipo. Yo quería sentirme independiente. Mi desempeño era muy bueno, pero ellos pensaron, "Alvarez quiere trabajar solo. Nosotros queremos participar, pero él no nos permite hacerlo." Y yo creía que me apreciarían por ser independiente.

Tuve que tragar mi orgullo, y durante dos años me dediqué a ayudar a que mi jefe tuviera éxito, además de cambiar mi estilo de trabajo, pidiendo consejos de la central en vez de trabajar solo. Dos años más tarde, hicimos una restructuración importante, y me presenté como candidato para una nueva promoción. En esa ocasión me preparé con todo cuidado, hasta para la entrevista más importante con el gerente regional que era el jefe de mi jefe.

"Quiero que sepa que en estos dos últimos años he aprendido una lección muy importante", le dije. "Aún no he podido dar lo mejor de mi parte. Y realmente desearía tener la oportunidad de demostrarlo. Tenemos que trabajar en equipo. Y creo que puedo hacerlo."

El presidente dijo, "Frank, hemos observado tu evolución en los dos últimos años, y hemos hablado con gente que habla de tu cambio. Se trata de una transformación de verdad. No sé cómo lograste cambiar, pero el puesto es tuyo."

Fui capaz de cambiar la imagen que me habían impuesto en forma "casi" definitiva. La primera vez hablé en primera persona, pensando que querían saber sobre mi "yo". En realidad buscaban una persona que supiera hablar de "nosotros".

Tienes que encontrar gente que no esté dispuesta a alimentar tu amor propio exclusivamente, individuos que te dirán la verdad en lugar de decirte lo que creen que quieres escuchar. La humildad fue un elemento esencial de mi éxito.

Frank D. Alvarez era hasta recientemente vicepresidente y gerente de área de la Kaiser Foundation en San Francisco, Estado de California. Nació y se crió en East Los Angeles, en el seno de una familia de origen mexicano. Estudió en Los Angeles Junior College y tiene un *master's* en salud pública de la University of California en Berkeley. Alvarez obtuvo el Premio César Chávez en 1994 de la California Chicano/Latino Inter-Segmental Convocation, y es el director de la junta para el National Hispanic Scholarship Fund.

═══════════════════════

Somos grandes empresarios, sólo tenemos que aprender a promocionarnos y no temer exigir la venta.

Adela Cepeda
Fundadora y Presidente
AC Advisory

Los latinos somos extremadamente leales. Por eso no siempre somos los mejores vendedores. Como somos tan fieles, yo sería capaz de hacer un negocio contigo sólo porque eres latino y te conozco, y mis padres te conocen y todo eso. Y supongo que como sabes lo que hago, si alguna vez necesitas a alguien que gestione tu empresa, me vas a llamar. No tengo que venderte nada. Es como si fuera parte del concepto de la familia extendida. Si ya nos conocemos, no hay necesidad de venderte nada. No somos vendedores. No es algo que forme parte de nuestra cultura.

Nuestras culturas son oligárquicas. Un puñado de personas y sus familias hacen negocios y venden, pero lo hacen entre ellos y nadie se mete. ¿Por qué vas a ir a venderle a uno de ellos? Es rico, conoce a tu familia y no tendría interés. Nos da vergüenza, por eso no lo hacemos.

Tenemos que superar esa actitud. Una de las cosas que

aprendí trabajando en Smith Barney fue a llamar a los clientes. Y fue una experiencia tremenda. Tienen que enseñarnos a vender, aun a las personas conocidas. En mi caso, quizás todavía no se les haya ocurrido que puedo gestionar sus fondos para la jubilación. Pero tenemos esa inhibición cultural para "promovernos", algo que debemos cambiar. Por otro lado, somos grandes empresarios. Una vez un hombre me dijo que la capacidad empresarial es genética, y que hay pueblos en algunas partes del mundo que carecen de ella. Si ese hombre decide cruzar la frontera con México notará cuán emprendedores somos. Somos la clase de personas que si obtenemos dinero suficiente para comprar una licuadora, no la dejamos en la cocina sin hacer nada. Nos ponemos a vender batidos en la esquina. Luego los ponemos a granizar en el congelador, amortizando la licuadora y la heladera al mismo tiempo. Y todos los niños del barrio van a tu casa después de la escuela porque saben que estás vendiendo granizados.

Confidencialmente

Me confundieron con el chofer.

Presidente de división de una empresa de servicios de computación de 43 años

El éxito obtenido a una temprana edad fue mi peor enemigo, especialmente trabajando en el extranjero. En Nueva York no importa tanto. Hay muchos jóvenes exitosos, sobre todo en Wall Street. La gente ya está acostumbrada. Pero cuando me enviaron a Londres a los 29 años como vicepresidente ejecutivo a cargo de la división más importante de la compañía, los empleados dijeron, "¿Quién es este chico español?"

Mi nombre no fue de gran ayuda. En Europa del norte, y particularmente en Londres, los europeos meridionales tienden a realizar los peores trabajos. Se ven como la clase de personas que vienen a limpiar la oficina al final del día. Nuestro chofer Manuel era un hombre muy agradable oriundo de Salamanca y de hecho nos confundieron en varias ocasiones porque teníamos el mismo apellido. La gente llamaba a la oficina y le pedía a mi secretaria que los llevara al aeropuerto. Ella se sorprendía.

Yo trataba de reírme de la situación. "Es un día muy difícil en finanzas", le dije una tarde. "Un paseo hasta el aeropuerto de Heathrow no me parece una mala idea. Dile a Manuel que venga a mi oficina. ¿Cuánto daño puede hacer en una hora? Dame las llaves del Bentley y yo conduciré."

De hecho, lo mismo ocurrió mi primer día de trabajo en Londres. Llegué a la oficina en Londres y pedí para hablar con el presidente de la división. Le di mi nombre a la recepcionista y me dijo, "¿Eres pariente de Manuel el chofer?"

Si te enfadas, terminas trabajando amargado, y he visto demasiadas personas que terminaron así. Yo les recomendaría a los latinos que se tranquilicen un poco porque hay gente que espera vernos amargados. Y eso sólo puede crear problemas.

La forma en la que aceptas las críticas dice mucho sobre tu personalidad. La gente observa como lo haces. No pases a la defensiva ni dejes llevarte por las emociones.

Sara Martinez Tucker
Vicepresidente Nacional
AT&T

Los hispanos nos sentimos muy orgullosos de nuestro trabajo. Siempre me dijeron, "No hagas alarde de tu trabajo.

Deja que tu trabajo hable por ti." Por eso me cuesta separar mi personalidad o mi satisfacción de la tarea que realizo. Cuando critican mi trabajo lo tomo como una crítica personal. Ésa es una de las razones por las cuales puedo pasar a la defensiva fácilmente. Y lo he visto también con otros hispanos que trabajan conmigo.

> *No pases a la defensiva cuando te critiquen. Escucha y trata de darte cuenta que están hablando de tu trabajo, no de tu persona. Aprende lo que puedas de sus observaciones. Pueden estar equivocados, pero ven la situación desde otro punto de vista y debes intentar ser objetivo.*

Pregunta, "¿Qué te parece que me hace falta? ¿Qué puedo hacer para mejorar?" Trata de sacar algo positivo de las críticas. Y sobre todo, no dejes que las emociones te superen. Hay personas que probablemente manejan eso mejor que yo. Yo llevo las emociones a flor de piel. Y muchos de los hispanos con quienes trabajo, hombres y mujeres, son muy emotivos. Trata de controlarte. Por más que sea parte de nuestra personalidad, puede incomodar a otros.

Tienes que controlar tu egoísmo.

Jorge Diaz
Vicepresidente y Gerente Adjunto de Programas
Northrop Grumman Corporation División B-2

Hay gente que cree que por ser universitarios son lo mejor que hay, y que el mundo les debe algo especial.

La universidad te ofrece una llavecita que abre una cajita con un poquito de conocimiento. Y lo primero que debes aprender es el tamaño de tu propio ego.

> *Tienes que divorciarte de la noción de que alguien te deba algo.*

Algunos de mis colegas se imponen objetivos que son tan ambiciosos e inasequibles que se enloquecen cuando no pueden lograrlos. Uno quería ser presidente de una empresa a los 35 años. Ahora tiene 35 y todavía ocupa un cargo administrativo de limitada responsabilidad. Lo primero que tendría que haber hecho era trabajar para una empresa pequeña o fundar su propia compañía con tres empleados. Así sería presidente. Sobran oportunidades para hacer algo de ese tipo.

No te impongas objetivos imposibles. No te veas como lo mejor que hay en el mercado. Cuando llegué a este país ni siquiera entendía el idioma. Fue una experiencia que me ayudó a ser humilde y me ayudó a aprender algunas lecciones rápidamente. La más importante fue que un exceso de egoísmo puede ser un obstáculo para el éxito.

Una de las causas más importantes del fracaso es la arrogancia.

Roman Martinez
Director Gerente
Lehman Brothers

CUANDO noto que la arrogancia parece dominar la conducta de una persona, sé que un fracaso o una demora inevitablemente le espera a la vuelta de la esquina. Te conviertes en una persona arrogante en el momento en que te consideras mejor que los demás. Y puedes ser arrogante con las personas bajo tu administración o con tus clientes. Ya sea dirigida hacia una persona o una empresa, la arrogancia lleva al fracaso o a la contrariedad, porque te emplezas a descuidar.

> *En el momento que comienzas a creer que eres mejor que los demás, que eres infalible o indispensable, tus riesgos aumentan en forma alarmante.*

Somos humanos, y hay muchos factores que tienen que ver con el éxito, incluyendo factores externos que no podemos controlar. Una vez que te dejas llevar por la arrogancia bajas las defensas sencillamente porque crees que ya no las necesitas. En mi experiencia personal recuerdo el caso de una importante institución financiera que tuvo que aceptar una oferta de compra hostil, cuyo presidente arruinó la compañía su carrera debido a su arrogancia. Creyó que era infalible y que podría dirigir la compañía por su cuenta. Estaba equivocado.

Roman Martinez IV es el director gerente de Lehman Brothers, un banco inversionista que se cotiza en bolsa basado en la ciudad de Nueva York. Nació en Cuba, y recibió su licenciatura en el Boston College y un *master's* en administración de empresas de la Wharton School en la University of Pennsylvania. Ingresó a la firma Kuhn Loeb & Co., una compañía que precedió a Lehman Brothers en 1971, y fue nombrado director gerente en 1978. Durante su carrera asistió en la restructuración de grandes empresas como Westinghouse Electric, Reed International y el Grupo Industrial Alfa. También participó en las operaciones de adquisición de General Foods por Philip Morris y en la primera oferta pública de acciones de Coca-Cola Enterprises.

Hay gente que cree que se le debe más que a otras por el solo hecho de ser hispanos, negros o mujeres. Creo que es una actitud equivalente al suicidio.

Emilio Alvarez-Recio
Vicepresidente, Publicidad Global
Colgate-Palmolive Company

En el momento en que pretendes recibir un trato especial debido a tu raza, sexo u origen étnico, sólo eres capaz de provocar el sentimiento opuesto al que querías inspirar en un principio, en especial de gente como tú. Lo último que quiero ver es a un hispano intentando aprovecharse ilícitamente del hecho de ser hispano. Es algo que sólo puede terminar prejudicándonos.

Es posible que te ayude a superar un nivel, pero hasta ahí puedes llegar, y eso es exactamente lo que debes evitar. Además ayudas a crear un clima hostil hacia otros hispanos que no pretenden que se les debe un tratamiento especial. Si alguien llega a donde llega sólo por ser hispano, es justo que la gente se pregunte si los hispanos sirven para algo. Los hispanos son tan inteligentes y trabajadores como el resto, y no necesitamos ese tipo de "ayuda".

Haz lo tuyo y enorgullécete en quién eres, pero hazlo en una forma positiva, ofreciendo tu contribución.

SECRETO 5

═══════════

NUNCA TEMAS FRACASAR

La responsabilidad, la vulnerabilidad y la integridad son factores fundamentales para el éxito.

No le temo al fracaso ni al éxito, algo que es un problema para algunas personas. Simplemente me gustan las desafíos".

Jellybean Benitez
Presidente del Directorio y Presidente Ejecutivo
Jellybean Productions, Inc.

NACí en Spanish Harlem, mis padres son de Puerto Rico y me crié en el South Bronx. Mis orígenes son humildes, mi familia estaba en crisis y éramos muy pobre. No tenía a nadie en quien confiar, excepto a mi madre que siempre me apoyaba.

Mi madre nos daba consejos por los que todavía me guío: "Si no lo pides, no te lo darán." "Confía en tus instintos y no le temas al fracaso. Lo peor que te puede pasar es que aprendas una lección."

Las drogas me daban mucho miedo, porque en el ambiente en que crecí vi a muchos jóvenes de mi edad que a los 12 o 13 años ya eran adictos, *junkies*, muertos de una sobredosis o en la cárcel. Pero crecer en un barrio como ése te da una buena educación para el resto de tu vida. Aprendes a sobrevivir. Aprendes a luchar contra todos los elementos. Realmente aprendí mucho sobre la vida, sobre mi habilidad para sobrevivir, y aprendí a creer en mi capacidad.

La música formó parte de la cultura en la que me crié. Tenía una gran colección de discos. Cuando mis amigos hacían una fiesta yo me sentaba al lado del tocadiscos y ponía mis discos porque temía que me los robaran o que me los rayaran. Mis amigos me decían *disc-jockey*, pero solo cambiaba los discos. Ellos hablaban de un *disc-jockey* en una discoteca.

La primera vez que me llevaron a una discoteca, vi como la gente le compraba tragos al *disc-jockey* y las chicas lindas que se acercaban a preguntarle el nombre de las canciones. "¡Este trabajo es para mí!", pensé. "¡Bebidas gratis, chicas, esto me gusta!"

No terminé la secundaria. Siempre me sentí más inteligente que el resto de mis compañeros de clase, con la inteligencia que te da la calle. Fui muy afortunado y tenía un plan. Dejar la secundaria fue una decisión que tomé por mi cuenta, y considerando todas las influencias negativas a mi alrededor, es probable que no hubiera llegado a donde estoy en este momento si hubiera continuado en la secundaria. Por eso en mi caso dio resultado, pero se debe a que tenía un plan. No dije, "Me voy." Ya estaba planeando una forma de ingresar a la universidad. No pensaba dejar nada al azar.

Tenía asegurado el ingreso a una universidad de la ciudad de Nueva York, por formar parte de una minoría étnica y porque también tenía el diploma de equivalencia de la secundaria. Primero ingresé en el Bronx Community College y de ahí me pasé a Baruch College. De ahí logré que me transfirieran al New School for Social Research. La educación era un objetivo muy importante para mí, a pesar de que ya estaba ganando más dinero como *disc-jockey* que en cualquier otra carrera a mi alcance.

En el Bronx todos tenían un apodo. Así, cuando alguien hacía algo que no debía, todos en la calle lo sabíamos, excepto la policía. Mi hermana siempre me decía Jellybean porque mis iniciales son J. B. Quería tener un nombre como *disc-jockey* para que la gente se acordara de mí, en vez de llamarme Deejay Juan Pérez, y me bauticé Jellybean. Desde entonces me conocen por ese nombre.

Trabajaba en las discotecas del Bronx, pero realmente quería trabajar en las discotecas de Manhattan. Me compré una revista *Cue*, recorté los avisos de todas las discotecas y salones de baile, los llamaba y decía, "Me dijeron que buscan un *disc-jockey*." Y ellos respodían, "No". "¿Y qué pasa si se enferma el que tienen?", respondía. "Bueno, déjanos tu teléfono." Yo decía, "Quiero que escuches mi música. ¿Puedo llevarte una cinta?" Sólo me decían que sí para que dejara de molestarlos. Yo contestaba, "Voy a estar en el vecindario, paso y te la dejo." Una vez que entraba les decía, "Tu *disc-jockey* empieza a las diez de la noche. ¿Por qué no me dejas tocar mis discos de las nueve a las once, así sabrás cómo sueno?" Los iba convenciendo de poco a poco. Luego hacía que todos mis amigos llamaran a la discoteca diciendo, "¿Es cierto que el *disc-jockey* esta noche es Jellybean?"

> *Siempre estaba buscando maneras de hacer que las cosas pasaran.*

Una vez que empezaba a trabajar, me comportaba lo mejor posible para que la gente podría decir, "Es responsable, es bueno, un buen muchacho y trabaja duro." A través de mi trabajo como *disc-jockey* aprendí qué es lo que le gusta a la gente, y lo que les disgusta, en una canción. Luego tuve la oportunidad de visitar a varios estudios de grabación porque los sellos discográficos y los productores me traían discos y me pedían una opinión sobre ellos. Yo les daba mis ideas: la introducción es muy breve, o tal parte no es muy buena, o esto es muy fuerte y no va a gustar mucho. Ellos regresaban al estudio y hacían los cambios.

Yo les decía, "Si toco tus discos y luego te doy mi opinión al respecto, lo que está bien y lo que está mal, entonces quiero que a cambio me lleves al estudio y me dejes ver cómo lo arreglas. Así podré ayudarte cuando me vuelvas a

pedir uner opinión. Podré decirte, Cambia esto o aquello."
Cuando iba al estudio tomaba apuntes de todo lo que
decían sobre la producción discográfica: el armonizador, la
grabación digital, la repercusión y el eco. Cuando tomaban
un descanso hablaba con el ingeniero, le preguntaba, "¿Qué
es el eco, o para qué sirve esa tecla?" Me hice amigo de
muchos músicos, compositores, cantantes e ingenieros de
sonido.

Poco después, la gente empezó a decir, "Habla con Jellybean, es productor de discos." Jamás había producido un
disco en mi vida. Pero comencé a trabajar como asistente de
producción. Tenía mucho talento para ir mejorando mi
posición, aprendiendo de cada situación, y haciéndolo cada
vez mejor, y luego usando cada nueva oportunidad para
subir otro escalón.

Un día me llamó un productor y me preguntó cuánto le
cobraría por un trabajo. "Tiene que hablar con mi *manager*", le dije. Le pedí a mi madre que lo llamara. "Dile que
eres mi *manager*. Si te pregunta algo que no sabes responder, dile que espere porque está sonando la otra linea."

Cuando mi madre lo llamó, el hombre quería saber
cuanto le iba a cobrar. En ese momento yo tenía 22 años, y
ganaba 200 dólares por noche como *disc-jockey*. Dije,
bueno, voy a pasar toda la noche allí, asi que vamos a cobrarle 400 dólares, el equivalente a dos noches de trabajo
como *disc-jockey*. Ese es un buen precio. Entonces mi
madre le dijo, "Cuatrocientos", y él estuvo de acuerdo.
Pensé, "Oh, no, ¡debería haberle pedido más!".

Trabajé por 400 dólares, pero el logro más importante fue
ver mi nombre impreso en el disco y luego ver los primeros
discos impresos antes de que salieran las copias en venta.
Fue fantástico. Después de un tiempo, producí una serie de
discos sencillos que ganaron discos de oro en Nueva York.
La mayoría de ellos venian del *underground*.

Luego me pidieron trabajar en la canción "Flashdance"
para la cantante Irene Cara, y en ese momento pensé, "Es

una gran oportunidad, ¡es el tema de una película!" Georgio Moroder era el productor. Produjo a Donna Summer y era mi ídolo profesional. Luego trabajé en "Maniac", y la misma semana me pidieron que trabajara en "Say, Say, Say" de Paul McCartney y Michael Jackson, "Love Is a Battlefield" de Pat Benatar y "Tell Her About It" de Billy Joel. Madonna me había llamado para mezclar algunas canciones de su primer álbum, incluyendo "Lucky Star". Mientras trabajaba en el disco, me enteré que necesitaban otra canción, y yo tenía una cinta de una de las cantantes que conocí en el estudio. La canción se llamaba "Holiday". Madonna quería una canción y supe que había llegado mi oportunidad. Le toqué la canción y Madonna quedó encantada. Le dije, "Si te gusta la canción, yo puedo arreglarla para que salga bien. Piénsalo. Pueden convertirse en el primer sello discográfico que emplea a un *disc-jockey* para producir una artista de música bailable. ¿No les parece genial?" Y ellos respondieron, "Adelante. El trabajo es tuyo."

Le di el disco a todas las estaciones de radio en Nueva York y a todos mis amigos *disc-jockeys*. Cuando se lanzó el álbum todo el mundo estaba tocando "Holiday", tuvo un gran éxito y llegó al número uno en las listas de música bailable y entre los diez principales en las listas de música pop. Poco después lanzaron "Borderline", otra canción del álbum en la cual trabajé.

Me han contado historias terribles sobre la industria discográfica, artistas de quienes se aprovecharon y que estafaron. Pero aun en los primeros éxitos en los cuales trabajé, que vendieron millones de copias e hicieron millonarios a muchos, y aunque terminé ganando sólo mil dólares en ese momento, me sentí debidamente recompensado porque cada oportunidad me ayudó a acceder al próximo nivel. Y también están aquéllos que ganaron millones hace diez años y ahora no tienen nada. No supieron planear para el futuro.

> *Trato a cada centavo que tengo como si fuera el último. Y vivo cada día de mi vida como si fuera el último.*

El día más memorable fue cuando la canción de Madonna "Crazy For You", que yo produje, llegó al puesto número uno. Fue mi primera canción que logró ocupar la primera posición de las listas de música pop. Nadie se imaginaba que pudiera destronar a "We Are the World". Estuvo nueve semanas en el primer lugar de las listas. Mi canción ocupaba en el segundo lugar cuando salió "We Are the World", que nos pasó al número uno. Durante seis o siete semanas estuvimos así. Pero luego la canción pasó de moda y mi disco llegó al primer lugar. Fue un gran día.

Siempre tuve una insaciable sed de conocimiento. Pero tengo un estilo muy poco ortodoxo para obtenerlo. Resuelvo las cosas al revés de los demás. Soy un músico autodidacta, un ingeniero de sonido autodidacta y un hombre de negocios autodidacta.

En 12 años he producido más de 30 discos que llegaron al número uno, y más de 90 éxitos entre los diez más populares de las listas en Estados Unidos. Posiblemente haya vendido más de mil millones de discos en todo el mundo. Tres de mis películas van a estrenarse este año y mi compañía tiene 16 discos en las listas esta semana. También he pasado por una serie de fracasos. Pero si le temes al fracaso nunca podrás tener éxito.

Claro que siento miedo, pero siempre vuelvo a pensar que si no lo intento nunca sabré si puedo hacerlo. ¿Qué es lo peor que puede pasar? Puedo fracasar, pero si fracaso lo sabré. Nunca quise vivir mi vida pensando "Me hubiera gustado, debería haberlo hecho, hubiera querido hacerlo, si sólo hubiera." . . . ¡La vida es demasiado breve!

Jellybean Benitez es presidente del directorio y presidente ejecutivo de Jellybean Productions, Inc., de la ciudad de Nueva York, una empresa multimedia que cuenta con una editora de música y una productora de discos, películas y programas de televisión. Creció en el South Bronx de Nueva York con su familia de origen puertorriqueño, estudió en Baruch College y el New School for Social Research, y comenzó a trabajar como *disc-jockey* a los 17 años, comenzando a producir discos pocos años más tarde. Los éxitos bajo su producción han vendido mil millones de copias en todo el mundo. Ha producido a artistas de la talla de Madonna, Whitney Houston, Billy Joel y Michael Jackson.

Ya seas el primer presidente latino de Estados Unidos o un obrero en una fábrica, nunca temas admitir tus errores.

Jorge Diaz
Vicepresidente y Gerente Adjunte de Programas
Northrop Grumman Corporation División B-2

Fui el jefe de ingenieros para el vuelo inaugural del bombardero B-2, *Stealth*, el 15 de julio de 1989. El B-2 es un bombardero de gran cabotaje, originalmente diseñado para transportar bombas nucleares, aunque ahora sólo lleva armas convencionales. Piloteado por dos tripulantes, el avión está completamente informatizado; es una bellísima máquina voladora. Posee tremendas capacidades militares.

El vuelo inaugural fue presenciado por dos mil personas—miembros del Congreso, jerarcas militares, empresarios, periodistas—y fue transmitido en vivo por televisión. Yo estaba en la sala de control y teníamos problemas. Mis jefes estaban parados detrás de mí. Hacía calor y el combustible se estaba recalentando en la pista. Me puse nervioso. Me paré en medio de la sala y suspendí el vuelo. "Vamos a abortar el vuelo, hoy no podemos salir." Anuncié en la forma más directa posible, "No sabemos bien lo que estamos haciendo en este momento. No vamos a volar hoy."

Luego me retiré de la sala. El éxito de ese vuelo era mi responsabilidad. Estaba bajo mi jurisdicción. Si hubiera fracasado, podríamos haber perdido vidas además de producir daños con un costo de cientos de millones de dólares.

Ese fin de semana, realizamos un gran número de pruebas, pudimos detectar el problema rápidamente y volamos el lunes 17 de julio. El vuelo fue excelente. Si hubiéramos salido el 15, hubiéramos corrido el riesgo de sufrir una avería en el sistema de combustible que hubiera provocado la pérdida de poder en la nave, obligando a realizar un aterrizaje de emergencia.

Siempre debes proteger a los tripulantes primero, la nave después y la misión en tercer lugar, respetando este orden de prioridad. Y cuando surgen dudas debemos ser muy cautelosos. Después del vuelo, mi jefe se acercó para agradecerme por abortar la primera misión. "No lo entendí en un primer momento", me dijo, "pero ahora sí."

> *Todos cometemos errores. Pero si tratas de ocultarlos o disimularlos, demuestras la falta más grande de integridad profesional. Y al final acabarán por descubrirte.*

Lo mejor que puedes hacer es hablar sinceramente, declarar que has cometido un error y luego hacer lo más posible para corregir los errores. Independientemente del tipo de trabajo que realices, siempre eres responsable por los fracasos al igual que por los éxitos.

Tienes que defender lo que representas o caerás por cualquier cosa.

Ángel Martínez
Presidente y Presidente Ejecutivo
The Rockport Company

INGRESÉ a Reebok en 1980. Fui el cuarto empleado. Conocía los productos de la empresa porque usaba su calzado deportivo en las competencias atléticas de la secundaria. Unas de mis amigas estaba considerando ingresar en el departamento de ventas de la compañía. Sabía mucho sobre el calzado deportivo en ese entonces y de las compañías que los fabricaban. "Ten cuidado", le dije. "Es posible que esa empresa no marche bien. El mercado de calzado deportivo está saturado. Hay un gran número de competidores. Es un poco tarde para comenzar una empresa de calzado deportivo a esta altura. Algunos de los competidores tienen un enorme capital detrás."

Fuimos juntos a una convención de la industria de calzado deportivo y ahí conocí al presidente ejecutivo de Reebok, Paul Fireman, quien en ese momento estaba bastante pasado de su peso normal. El director de ventas era un fumador empedernido. Ahí estaban dos personas intentando vender calzados para competiciones atléticas y uno se la pasaba fumando y el otro estaba demasiado gordo. "Aquí hay un problema", pensé. "Es posible que ofrezcan un producto excelente", les dije, "pero nunca les compraría a ustedes. No sé cómo piensan crear una imagen que les permita venderles calzados a los atletas."

Su respuesta fue, "Si sabes tanto, ¿por qué no nos dices cómo hacerlo?" Comencé a trabajar desde su puesto en la feria y vendí muchos pares de zapatos. Ingresé a la empresa en 1980 como vendedor. Pero en 1981 el mercado de calzado deportivo pasó por un período de crisis. Si una empresa no contaba en ese momento con una buena parte del mercado, era imposible sobrevivir. Y Reebok sólo contaba con un pequeño porcentaje del mercado.

Y el punto más bajo coincidió exactamente con el más alto. Mientras conducía de regreso a la oficina después de un desastroso viaje de ventas por los estados de Washington y Oregon, pensé, "Tengo que hacer algo. Esto no anda bien."

En algún punto al sur de la ciudad de Seattle, me di cuenta que necesitaba vender algo diferente. ¿Por qué no comenzar a vender calzado para los ejercicios aeróbicos que en ese momento eran la gran novedad? Teníamos que diseñar un tipo de calzado apropiado para la gimnasia aeróbica. Y sabía exactamente cómo debía lucir ese calzado. Quería que tuviera el calce de los zapatos usados para las clases de baile jazz, porque eso era lo que usaban muchas mujeres, con el soporte y la comodidad de un calzado para carreras de larga distancia y la estabilidad de un calzado para deportes en cancha. Tenía el modelo diseñado en mi cabeza antes de llegar a casa.

Llamé a Paul Fireman a su casa y le dije, "Paul, tenemos que atacar el mercado de *aerobics*."

"¿Qué es eso?", me preguntó.

Se lo expliqué y le dije que quería diseñar un calzado para ejercicios aeróbicos y que deberíamos ofrecerlo a los instructores a un precio especial, porque si los instructores lo usaban cada uno de sus estudiantes haría lo mismo. "Tenemos que diseñar un calzado muy femenino, muy cómodo y muy apropiado para *aerobics*", le dije, "y creo que ya tengo el diseño en mente."

No aprobó mi idea.

Yo me llevaba muy bien con la persona que administraba la fabricación de calzados en la empresa y accedió a fabricar un prototipo del zapato que diseñé. Estudió mi versión y pudo mejorarla. Luego visité a varios instructores de *aerobics* y todos dijeron lo mismo. "Está muy bien. Me encanta. ¿Cúando estará listo?" Tomé todos los pedidos, llamé a Paul y le dije, "Mira, tengo trescientos pedidos del nuevo modelo."

"No puedes hacer eso", respondió. "No podemos vender directamente a los instructores porque vamos a enfadar a los minoristas." Y yo dije, "¿De qué minoristas hablas? A este paso no tendremos ningún minorista en un mes."

Me dijo que no lo hiciera. Pero lo hice de todos modos. Acepté los pedidos, y mi colega en producción fabricó los zapatos. Hice que los enviaran a mi casa y de ahí los mandé a cada instructor. Reebok financió la operación, pero Paul no sabía que lo estábamos haciendo.

En un mes recibimos mil pedidos de compra, porque los instructores ya usaban los zapatos y los estudiantes los querían. Le envié una caja llena de pedidos a Paul. En ese momento se dio cuenta. Se convirtió en un gran aliado del proyecto. La industria del calzado aeróbico había nacido y el Reebok Freestyle Aerobic, se convirtió en el modelo de calzado deportivo de mayor venta en nuestra historia.

> *Tienes que vivir con las consecuencias de tus actos.*
> *Tienes que hacerte responsable.*

Estaba cien por ciento seguro y convencido de lo que estaba haciendo, y pensaba llevarlo a cabo con o sin Paul. Si me hubiera enviado una factura por el costo de la fabricación de todos esos pares de zapatos se la habría pagado. Pero también le habría llevado la idea a otro fabricante o habría fundado mi propia compañía de calzados deportivos. El hecho es que debes estar dispuesto a tomar un riesgo y asumir la responsabilidad. Paul lo dice muy bien cuando anuncia, "Tienes que defender lo que representas o caerás por cualquiera cosa." Y cuando encuentra esa visión en un colega, les permite seguirla.

Fue un trabajo difícil conocer y convencer a todos las intructoras de *aerobics*, pero alguien tenía que hacerlo.

Si cometes un error, es tu responsabilidad repararlo.

Dan Gomez
Presidente
Bell Atlantic Directory Graphics

CUANDO entrevisto a candidatos para un puesto siempre les pregunto cuál fue su peor fracaso y qué lecciones aprendieron gracias a él. Su habilidad para identificar los errores propios es un buen indicio de que no volverán a cometerlos. He cometido varios errores en mi carrera que todavía recuerdo. Uno de ellos ocurrió cuando estaba a cargo del control de calidad en una división y presentábamos una serie de nuevos conceptos todos los años, y detrás de cada idea teníamos un equipo organizado de acuerdo a los planes de la empresa. Todo marchaba muy bien hasta que cometí un error. Me adelanté demasiado a mis superiores y ellos no estaban dispuestos a apoyar una de mis nuevas ideas. Tuve que volver hacia atrás, conseguir el apoyo necesario para lo que ellos querían hacer y luego pudimos sacar el proyecto adelante.

Fue tan vergonzoso. ¡Y fue fácil darme cuenta que cometí un error porque todos me lo dijeron! Desde el presidente para abajo, todos me dieron su honesta y clara opinión sobre mi error.

¿Cómo me sentí? Horrible. Pero admití mi error y les dije cómo pensaba arreglarlo. La lección que aprendí es que debes asegurarte de que tus proyectos sean consistentes con la dirección que lleva la compañía en ese momento, y asegurarte de exponer tus ideas a las personas importantes dentro de la empresa.

No pretendas saberlo todo. Nadie espera que lo sepas.

Jose Bared
Presidente Ejecutivo
Farm Stores

TIENES que concentrarte en un objetivo, pero también debes mantener una visión general de la situación.

Tienes que ver a los árboles, pero también debes ver al bosque y saber que existe.

He visto a los estudiantes con las mejores calificaciones trabajando para estudiantes mediocres en compañías cuyos dueños eran los peores de la clase. Fue una gran sorpresa para mí. Creía que los genios de mi clase serían las personas que dominarían el mundo de los negocios. Resulta que no tiene que ser así necesariamente. La razón quizás sea que el mejor estudiante no es capaz de concentrarse en otra cosa que los árboles y se olvida de la existencia del bosque. Y no está dispuesto a arriesgarse. Hay una cantidad de personas que son muy, pero muy inteligentes pero no saben comunicarse. Poseen un vasto conocimiento, pero no saben transmitirlo.

Mantente en contacto, escucha, habla con la gente, haz preguntas. No hay preguntas estúpidas. Pueden haber preguntas redundantes, pero nunca estúpidas. Pregunta siempre. Nadie pretende que lo sepas todo. Es absolutamente correcto hacer preguntas, sin importar cuánto tiempo hayas dedicado a un tipo de negocio o la experiencia que tengas. No es un deshonor hacer una pregunta.

Los empresarios hacen las preguntas más básicas con toda confianza porque se trata de su dinero. Sin embargo, muchas personas que no son dueñas de una empresa con frecuencia temen lucir estúpidos. Muchos creen que deben adaptarse a un modelo específico. "Si soy un gerente, no le puedo pedir a alguien en un cargo inferior que me dé su opinión." ¿Por qué no? Y si alguien te hace una pregunta que no sabes responder, dile, "Déjame estudiarlo y te llamaré con mi respuesta."

A veces la gente piensa que debe saber todas las respuestas. Algo fundamental que debes reconocer es la honestidad y admitir que nunca tendrás todas las respuestas.

Jose P. Bared fue presidente ejecutivo de Bared & Company, cargo que ahora ocupa en Farm Stores, ambas compañías basadas en Miami, Estado de Florida. Bared & Company es una empresa de ingeniería eléctrica y mecánica con sucursales en Miami, Puerto Rico, Tampa y Atlanta. En 1992 Bared compró a Farm Stores, una cadena de 200 almacenes y una planta procesadora de productos lácteos, todos ubicados en el Estado de Florida, y la sacó de la bancarrota pasando a ser solventes en solo 60 días. Nació en Cuba y recibió un título en ingeniería de la University of Miami.

CONFIDENCIALMENTE

¡Debes ponerle un límite al sentimiento de culpa "latino" aunque te cueste!

Director de información de una empresa de
transportes de 39 años

PUEDES pensar, "Dios mío, cometí un error, ¡estoy justificando todos los preconceptos sobre los latinos!" Pero por más que lo intentes, nunca serás perfecto. Perdónate por cometer errores y reconoce el enorme daño que te haces al no reconocerlos.

Aun si te graduaste entre los primeros de tu clase y tu división tiene un margen de beneficios un 300 por ciento mayor que el resto de la compañía, si te equivocas y tienes que admitirlo, lo harás. Otros en la empresa llegarán a la conclusión de que eres "El hispano de muestra", "una cuota" o "protegido por un programa de gobierno". No puedes hacer mucho al respecto.

Recuerda siempre que tú y el resto de tus colegas en la compañía van a cometer errores en algún momento y no puedes deprimirte por eso. Admite el error, no te flageles demasiado, trata de aprender tu lección y continúa adelante.

Aprendí una lección muy importante: Hablar con la gente de frente es una gran ayuda.

Robert Behar
Presidente
Hero Productions

Eₗ peor momento de mi carrera fue cuando entraron ladrones y se llevaron todo. Tenía un negocio muy pequeño, sin seguro que cubriera el siniestro. Todos nuestros consejeros nos decían una y otra vez, "Declárate en bancarrota, declárate en bancarrota."

Pero yo soy de la vieja escuela que dicta que las deudas se respetan. Llamé a todos los acreedores y les hablé de frente. "Nos robaron", dije. "Se llevaron más de 100.000 dólares en mercadería. Tenemos un problema muy serio. Pero pensamos volver a empezar. Les ruego que traten de trabajar con nosotros y nos aseguraremos de pagarles todo lo que les debemos. Y si tenemos que pagar un interés sobre la deuda también lo haremos."

De las ocho empresas acreedoras, siete aceptaron nuestro plan. Pagamos todas nuestras deudas y volvimos a hacer negocios.

Robert Behar es presidente de Hero Productions, basada en Miami, la única unidad que ofrece servicios de producción de televisión y transmisión en el Sudeste de Estados Unidos. Nació en Cuba, asistió a la universidad en Miami y en 1978 fundó Hero Communications, una reconocida distribuidora de equipos para la industria de la televisión por cable y satélite.

═══════════════════════════════

El miedo al fracaso es un gran motivador. Un poco de miedo no le hace mal a nadie.

Natica del Valle von Althann
Directora Gerente
Citibank

Cᴜᴀɴᴅᴏ comencé a trabajar para uno de los grandes bancos americanos, estaba mal preparada para esa labor. Si bien había completado mi educación, mis colegas tenían *master's* en administración de empresas y además tenían un nivel de experiencia laboral. Corría con una gran desventaja y en esos dos años casi terminé con una úlcera.

Cuando te encuentras en una situación de este tipo lo primero que tienes que hacer es trabajar más duro que los demás. Ocurre en cualquier grupo que tenga que aceptar a alguien diferente, ya sea un joven estudiante entre posgraduados, o una mujer en un ambiente masculino, o un miembro de una minoría étnica en un campo donde no están acostumbrados a ver a personas diferentes. Creo que la mejor forma de hacerse respetar es a través de un buen desempeño, demostrando mayor capacidad, y usando tu experiencia del barrio.

Era aprendiz en el grupo de bancos correspondientes, y el funcionario a cargo de mi entrenamiento me llevó en una intensa gira visitando 17 bancos en una semana. Tenía que preparar las carpetas con la información de cada una de las 17 visitas, asistir a todas las reuniones, escribir todos los informes y organizar el plan de acción. Me aseguré de organizar cada detalle, y el miedo fue una gran motivación.

Si te sientes demasiado cómodo al comienzo de tu carrera, es probable que tengas problemas. O no estás trabajando lo suficiente, o todavía no has despertado.

Muchos de mis colegas abandonaron el programa de entrenamiento debido a ese viaje. A mi regreso, me aseguré que los 17 informes estuvieran escritos en cinco días. Las primeras impresiones son importantes.

Cuando eres joven y recién comienzas, no te pares en frente de todos y pidas los mejores proyectos. Acepta las misiones difíciles y trata de obtener buenos resultados. Son las mejores oportunidades para demostrar tu capacidad.

Acepta el desafío. A esa altura de tu carrera no puedes darte el lujo de actuar como una princesa. No estás en condiciones de imponer demandas. Después de todo eres una apuesta al futuro. Es tu deber demostrarles que valía la pena apostar a tu favor. Tienes que producir buenos resultados. Hazte cargo de proyectos que otros fueron incapaces de terminar y trata de convertirlos en experiencias positivas. Yo me concentré en problemas complejos. Por ejemplo, uno de mis clientes era una empresa de cemento que quería construir una represa en Brasil en sociedad con una compañía europea. Reuní a nuestro equipo de finanzas internacional y completamos el proyecto de financiación más importante que la empresa hubiera realizado en América Latina. Fue un acuerdo diferente, pocas veces visto. Presenté la idea, se la vendí al cliente y dejé que nuestro grupo de expertos la ejecutara. Me mantuve cerca para ayudar a resolver conflictos y asegurarme de que todo siguiera su curso.

Para tener éxito hay que buscar las situaciones difíciles que puedan darle más valor a tu trabajo. No compitas por cargos que sólo te favorecen a ti. Identifica un problema especial que necesita cuidado y busca una solución que se adapte.

Rechacé proyectos de prestigio para poder trabajar en algunos considerados intocables, porque creí que me ayudarían a desarrollar nuevos talentos. ¿Fue la decisión correcta? Claro que lo fue.

Desarrollar talentos en varias áreas fundamentales es una parte importante al inicio de la carrera. Busca oportunidades que te ayuden a construir o expandir tu talento. No escojas los proyectos más codiciados desde el comienzo.

El pánico puede ser saludable.

Oscar de la Renta
Fundador, Presidente del Directorio y Presidente Ejecutivo
Oscar de la Renta, Inc.

EL mundo de los negocios presenta riesgos prácticamente a diario. Mi primer desfile en Europa hace varios años, por ejemplo, fue un riesgo muy calculado. Ningún otro diseñador americano había presentado un desfile en París hasta ese momento. Y si la colección no gustaba y el desfile fracasaba, el proyecto podía terminar siendo un desastre. Pero hacía 25 años que diseñaba ropa y sabía que podía tomar el riesgo. El mundo de la moda provoca una gran inseguridad, porque sólo eres tan bueno como tu última colección. Estaba el riesgo obvio de presentar una colección que fracasara para que la gente pudiera decir, "Qué error cometió yendo a París." En realidad, también podía haber fracasado en Nueva York. Y por suerte, el desfile resultó ser todo un éxito.

> En cualquier trabajo creativo existe un gran nivel de inseguridad, pero esas dudas nos motivan a demostrarnos que sí lo podemos hacer.

Hay un momento en mi trabajo que llamo "el momento del pánico". Ocurre durante los 20 días previos a un desfile cuando realmente siento pánico. Me acuesto pero no puedo dormir. Pero finalmente recobro la esperanza y comienzo a recuperar la seguridad en lo que estoy haciendo. Y también hay momentos en los que me siento capaz de hacer cualquier cosa, porque siento fluir la energía y todo parece hacerse a gran velocidad.

Soy muy amigo del diseñador Bill Blass. Una vez me comentó que la gente le dice que todo debe ser más sencillo ahora, ya que después de tantos años debe ser muy fácil preparar una colección. Pero estamos de acuerdo en que en realidad el pánico es mayor a medida que envejecemos, porque hay tantos talentos jóvenes y sientes la presión de la competencia. Al mismo tiempo, por las demandas que te impones como profesional, sientes que cada vez tienes que hacerlo mejor. Nunca espero que sea más fácil.

Sólo puedes ser creativo y tener éxito en el mundo de los negocios cuando sientes pasión por lo que haces y pasión por tu oficio.

Si tienes ambición y quieres tener éxito, sentirás agonía todos los días, pero al mismo tiempo hay un tremendo placer. Es el placer de tener éxito, de hacer las cosas bien. No existe un gran misterio detrás del éxito. ¡Sólo se trata de trabajar mucho!

Oscar de la Renta es el fundador, presidente del directorio y presidente ejecutivo de Oscar de la Renta, Inc., en Nueva York, una compañía internacional de moda, fragancias y cosméticos con beneficios de 500 millones de dólares anuales sólo en productos bajo licencia. Nació en Santo Domingo, República Dominicana, comenzó su carrera como diseñador aprendiz en Europa y llegó a Estados Unidos en 1962, donde fundó y estableció de la Renta como una de las marcas de mayor prestigio en el mundo de la moda. En 1993 hizo historia al convertirse en el primer diseñador americano en presentar su colección en París. Está por inaugurar tiendas Oscar de la Renta en Estados Unidos, Hong Kong y Montecarlo.

No temas seguir lo que te dice tu corazón.

Felipe Rodriguez
Presidente
Globo Internacional

AL comienzo de mi carrera en la Pan American, un día me entregaron un portafolio y me dijeron, "Vas a ser un vendedor." Luego me entregaron una lista de clientes. Cuando fui a visitar el primer cliente en la lista, me pasé dos horas congelándome en la calle porque no tenía fuerzas para subir a su oficina. Yo vengo del campo. Pero cuando pude superar el miedo, me di cuenta que disfrutaba de las comunicaciones, que era capaz de comunicarme. Mi primer cliente era de la República Dominicana. Nos pusimos a hablar de la cultura y de nuestro amor por la geografía. Ahí estábamos en Venezuela, un cubano hablando con un dominicano. Se convirtió en uno de mis mejores clientes.

Siempre dije, "Voy a tener éxito." Pensé que era tan capaz como los demás para lograrlo. Tengo acceso a los mismos libros que los demás, y soy un ávido lector. Conozco el mundo de Australia a Taiwán a Europa y Marruecos. El conocimiento no proviene necesariamente de títulos universitarios de Harvard, Yale o Stanford. El conocimiento proviene de ti mismo y de lo que eres capaz de contribuir para tenerlo. Sabía que no tenía el mismo acceso a la cultura que me hubieran dado universidades como Harvard u Oxford, pero pude compensar leyendo y estudiando lo mismo que leía un estudiante de Harvard. Prefiero ser un excelente estudiante en la Universidad de Caracas que haya leído una gran cantidad de libros a ser un mediocre estudiante en Harvard.

Cuando era vicepresidente de Pan American, mi jefe era vicepresidente ejecutivo y lo ascendieron a presidente. Sabía que si me hubiera quedado en Pan American un año más, me hubieran ascendido a vicepresidente ejecutivo. Me reuní con un ejecutivo de la Globo que me dijo, "Estamos pensando en abrir una oficina en Nueva York. ¿Conoces a alguien que sea bilingüe?" Lo miré y empecé a buscar nombres en mi "archivo mental", y el primer nombre que se me ocurrió fue Felipe Rodriguez.

Me miró como si recién hubiera llegado de la luna. Uno de los ejecutivos de mayor rango en Pan Am con varios empleados y secretarias a su cargo y todo lo demás proponiéndose para trabajar en una nueva empresa que no podía tener más de seis o siete empleados.

Pero algo me decía que hay momentos en que debemos hacer un cambio, aquello de "Renovarse es vivir", renovarse es empezar una nueva vida. Corría el riesgo de quedar atrapado por la misma rutina, algo muy común entre los ejecutivos de cierta edad. No quería caer en eso; necesitaba nuevos desafíos. Y hace 21 años que estoy con el Globo Group. Uno de los mejores momentos para cambiar de ramo o de carrera es cuando estás en la cima. Lo peor que te puede pasar es que te echen sin misericordia. Piensa en cambiar cuando estás pasando por tu mejor momento.

Felipe Rodriguez es el presidente de Globo International (NY) LTD en la ciudad de Nueva York. Estudió leyes y comercio y residió en Puerto Rico, Brasil, Cuba, Venezuela y en los estados de Florida y Nueva York. Ingresó a Pan American Airways como gerente de fletes y transporte y llegó a ser el primer latino en ocupar la presidencia de una gran aerolínea internacional. Ingresó a Globo en 1974.

═══════════════════════

Hay cosas que desconocemos y hay cosas que no sabemos que desconocemos. Trata de averiguar cuáles son.

Fernando Niebla
Fundador y Presidente Ejecutivo
Infotech Development, Inc.

En 1965 fui a Cabo Kennedy donde residí por cinco años, la mayoría del tiempo trabajando como supervisor para North American Rockwell a cargo de un equipo de 120 técnicos e ingenieros trabajando en los cohetes Saturno, que despegaban con destino a la luna. De ahí me mudé a California, donde continué trabajando para la misma compañía. A fines de 1978 renuncié y comencé a trabajar en Infotech, una empresa que fundé.

Hipotequé mi casa para poder fundar mi empresa. Deposité una parte del capital en una cuenta para poder mantener a mi familia por un par de años y otra porción del dinero fue utilizado para abrir la compañía. Le dije a mi esposa, "No sé si esto va a estar funcionando en dos años. Es posible que tenga que volver a empezar." Ella respondió, "Hemos vivido bien con tu salario de ingeniero. Siempre puedes volver a hacerlo."

Mi plan en ese momento era formar una empresa consultora con cincuenta empleados, por lo que reuní un grupo muy sólido de técnicos y empresarios. Decidimos que ibamos a poder alcanzar ventas de 50 millones de dólares y comenzamos a elaborar planes para alcanzar ese objetivo y financiar la empresa, además de buscar la forma de organizar cada paso sucesivo. Finalmente llegamos a 53 millones de dólares de ventas. Un planeamiento sólido fue lo que llevó la compañía al nivel que hoy mantiene.

El mejor momento fue cuando obtuvimos nuestro primer contrato importante. Ocurrió en el tercer año de la empresa. Los peores momentos ocurrieron cuando algunos contratos llegaron a su fecha de cumplimiento y tuvimos que despedir a varios empleados. Ésa es la parte más difícil en el mundo de los negocios.

Hay muchos factores desconocidos cuando se empieza una compañía, y hay que tener planes bien definidos para cada paso. Necesitas un plan bien documentado que demuestre que has considerado todos los problemas, que sabes identificar los factores impredecibles y que tienes una forma de tratar con ellos.

J. Fernando Niebla es el fundador y presidente ejecutivo de Infotech Development, Inc., en Santa Ana, Estado de California. Nació en Nogales, México. Es licenciado en ingeniería electrónica por la University of Arizona, tiene un *master's* en administración de empresas por la USC Business School y comenzó su carrera en North American Rockwell. De 1965 a 1970 trabajó en el proyecto del cohete lunar Saturno. Posteriormente trabajó en el diseño de satélites y una estación espacial para North American Rockwell en California. En 1979 fundó Infotech.

═══════════════

Lo peor que te puede pasar es llegar a los 65 o 70 años, mirar hacia atrás y pensar, "Me pregunto qué hubiera pasado si . . ."

Phil Roman
Fundador, Presidente del Directorio y Presidente Ejecutivo
Film Roman, Inc.

HE sufrido unas desilusiones. Son inevitables.

Trabajé como animador en una empresa que estaba haciendo un recorte de empleados cuando me ofrecieron un empleo en otro sitio. Le informé a mi jefe y me dijo, "No lo tomes. No estás entre la lista de los empleados que vamos a despedir." Rechacé la oferta. Un par de semanas más tarde me despidieron.

Pasé siete meses sin trabajo. No había muchas ofertas. La industria de la animación estaba adaptándose a la televisión, pero en ese momento no había una cantidad suficiente de programas para emplear animadores como yo. Tuve que replantearme muchas cosas y me dije, "¿Es esto lo que quiero hacer? ¿Y si decidiera cambiar de carrera, cuál escogería?"

En un momento durante ese período vi un aviso en el periódico *The Los Angeles Times* de una firma de corredores de bolsa que buscaba gente nueva para capacitar. Me presenté y solicité un empleo. Trabajé durante varios meses y obtuve mi licencia de corredor cuando me llamaron del estudio Warner para trabajar en *The Incredible Mr. Limpett*.

Me encontré trabajando en lo que realmente quería hacer, y en 1984 fundé mi propio estudio. Nunca es demasiado tarde; tenía 53 años cuando inauguré mi estudio. En estos momentos estamos pasando por un período de gran crecimiento. No contamos con el capital de Disney o de los otros estudios. Ellos cuentan con fondos inagotables. Pero tenemos una gran relación con las cadenas de televisión y probablemente tenemos más programas en la televisión que los otros estudios.

En estos momentos estamos en conversaciones con banqueros, intentando atraer a los inversionistas para ampliar nuestro capital y lograr una situación financiera más sólida. Y aquí me tienen, una persona creativa reuniéndome con personas cuya obsesión son los números. Por momentos me pregunto qué hago. Pero también me doy cuenta que tengo mucho que aprender sobre la parte legal y financiera de la industria en la que trabajo.

De ser una pequeña empresa con beneficios de 300.000 dólares el primer año hemos progresado hasta llegar a obtener beneficios de 35 millones de dólares este año. Es un crecimiento significativo en diez años. Es el tipo de desempeño que atrae a los inversores. Saben que el negocio está creciendo, que la empresa está creciendo.

Y si fracaso, sé que puedo encontrar trabajo como animador. Sé hacerlo. Conozco a gente en el medio y puedo encontrar un puesto en un estudio. Lo importante es que en lo profundo de mi ser sé que lo he intentado.

He visto a mucha gente demasiado cautelosa, temiendo cometer un error. Son incapaces de tomar una decisión.

Henry González
Vicepresidente/Gerente de Área
McDonald's Corporation

INGRESÉ a McDonald's en 1973, cuando comencé como aprendiz de gerente de un restaurante en mi barrio. Mi padre estaba encantado cuando ingresé a esa compañía. Era un cliente fiel de McDonald's. De alguna manera intuyó que se trataba de una muy buena empresa. "Venden comida, y todos tenemos que comer, ¡y hay que pagar en efectivo!", dijo. "¡Es una gran compañía!" Se convirtió en uno de mis mejores clientes.

McDonald's estimula a los empleados para que actúen como si fueran los dueños de la compañía. Eso lleva a que se tomen decisiones más rápidamente, y a llevar el negocio como si fuera de ellos.

A veces puedes concentrarte demasiado en ser perfecto o, aún peor, en no cometer errores. Tomar ocho decisiones correctas de cada diez es mucho mejor que tomar una sola decisión, aunque sea correcta o no.

En una ocasión comencé un programa para mejorar los carteles y lograr que nuestros restaurantes fueran más visibles. Pero cometí el error de olvidarme de investigar las leyes y regulaciones al respecto. Tuve que absorber las pérdidas del dinero invertido porque los carteles no cumplían con los requerimientos municipales.

Pude superar todos esos problemas iniciales trabajando en forma persistente, buscando qué tipo de cartel podíamos instalar en el sitio que ofreciera la mayor visibilidad. Me dediqué a considerar problemas fundamentales que podrían resultar obvios.

> *Vuelve a examinar lo que te parece obvio, y entiende*
> *que a veces la solución requerida es tan fundamen-*
> *tal que exige concentración y persistencia, evitando*
> *pensarlo demasiado y tratar de complicarlo de-*
> *masiado.*

Henry González es el vicepresidente/gerente de área de McDonald's Corporation en Oak Brook, Estado de Illinois. Ingresó a McDonald's como aprendiz de gerente en el restaurante de su barrio en 1973 y avanzó en su carrera ocupando los cargos de supervisor de área, consultor de área, gerente de servicio de área, director de capacitación, vicepresidente y vicepresidente corporativo hasta ser nombrado a su cargo actual en 1995.

Fui bendecido con un jefe holgazán.

Linda Alvarado
Presidente
Alvarado Construction, Inc.

LA gente me pregunta, "¿Cómo es que comenzaste a trabajar en la construcción?" Mi respuesta: el desempleo. Fue lo mejor que me pudo haber ocurrido.

No todas las grandes carreras siguen un plan. Puedes tener un título en una especialidad y darte cuenta que no te gusta, o puedes verte obligado a tomar el primer empleo que encuentres. Asistí a la universidad en California, pero no pude encontrar trabajo después de graduarme. Era licenciada en economía. Mi primer trabajo fue en un jardín botánico. Un trabajo encantador. Podía ir en bermudas y broncearme al sol. Pero terminé regando las plantas demasiado y las maté, demostrando claramente que la botánica no era para mí.

Pude conseguir un empleo con una constructora, y cuando la compañía fundó un grupo que gestionaba urbanizaciones me enviaron a trabajar con ellos. Tuve un jefe a quien le debo mucho. No tuvo la intención de ser mi mentor, más bien se trató de un mentor accidental. En ese momento lo consideraba muy perezoso. Le encantaba jugar al golf. Tenía una gran afición por los almuerzos de varias horas. Tenía un gran talento para delegar sus responsabilidades. Pero lo que realmente ayudó a desarrollarme fue la aparición en el mercado de los programas de computadoras informáticos para crear horarios de trabajo, y mi jefe dejó que me especializara en ese sector.

Antiguamente, los ingenieros de la construcción se reunían a tomar café y escribían el plan de trabajo en una servilleta. Cuando aprendí a usar el programa de computadora, adquirí un oficio que muchos hombres no conocían. Y esa especialidad me permitió desarrollar una experiencia invalorable en la industria.

Mi enfoque en la vida es hacer lo mejor que puedo con lo que tengo en mano. Preocúpate lo menos posible, o mejor, no te preocupes de lo que no puedes controlar.

Eduardo Aguirre
Vicepresidente Ejecutivo y Gerente de División
NationsBank

Si te tienes confianza, a la larga todo saldrá como quieres. Ésa es una de las bendiciones de este país: es posible mejorar cualquier tipo de circunstancia. Excepto en raras ocasiones, puedes superar cualquier tipo de dificultad. Si no puedes rendir bien en los estudios o en el trabajo en un año en particular, no impide que sigas trabajando y salgas adelante.

Hace dieciocho años que trabajo para NationsBank. Pasamos por una mala época en Texas debido a malos préstamos en la industria de la energía y bienes raíces. Muchos empleados fueron despedidos y me sentí tan vulnerable como el resto de mis colegas.

Mi jefe me pidió que realizara un estudio que analizara las operaciones bancarias privadas internacionales en un conglomerado de bancos que se estaba fusionando con el nuestro. Terminé el estudio y llegué a la conclusión de que las operaciones bancarias privadas podían ser un muy buen negocio. Se lo di a mi jefe y me dijo, "Muy bien, queremos que te hagas cargo de ese banco en la nueva organización."

"De ninguna manera", le respondí. "No quiero trabajar en ese sector. No está de acuerdo con mi especialidad. Se trata de una operación bancaria de menor envergadura y lo mío está en otro nivel. Soy un banquero corporativo. No quiero hacerlo."

"Creo que no me entiendes", me respondió. "No se trata de una sugerencia. Ése va a ser tu nuevo trabajo, o te buscas otro empleo."

"Está bien", le dije, "entiendo lo que me quieres decir."

Regresé a casa sintiéndome muy deprimido, pensando que era el fin de mi carrera bancaria. No sabía en ese momento cuán equivocado estaba.

> *No me quedaba otro remedio, y decidí convertir esa situación en una oportunidad.*

La situación fue mejorando y de repente me encontré dirigiendo una organización con 80 empleados y que gestiona un fondo de 2 mil millones y medio de dólares.

La lección que aprendí fue saber aceptar los desafíos y tratar de aprovechar lo que parece ser una situación negativa.

===

Si eres tan sensible frente a las críticas que no eres capaz de escucharlas, puedes adelantar el fin de tu carrera.

Nely Galan
Presidente
Galan Entertainment
Twentieth Century Fox

UNA de las lecciones más importantes que aprendí fue evitar ser excesivamente insegura y saber aceptar las críticas. Cuando alguien me critica, o me dice, "Creo que lo has hecho mal", lo escucho. Y trato de aceptarlo.

A veces creo que esa persona está equivocada. Pero hago lo posible por integrar las críticas en mi vida. No lo veo como un intento de agredirme. Trato de ser objetiva. Me siento muy bien conmigo misma. Pero si alguien piensa que puedo mejorar de alguna manera, intento reaccionar a las críticas de tal forma que me pueda ayudar.

Cuando le digo a alguno de mis empleados, "Puedes mejorar en esta parte", y se pone a defenderse, me dan ganas de gritar. Creo que las críticas pueden ser tus amigas, por más dolorosas que sean.

===

Puedes aprender mucho de un rechazo.

Linda Alvarado
Presidente
Alvarado Construction, Inc.

Sı mi empresa constructora pierde una licitación, pido un informe para intentar averiguar en qué nos equivocamos. Los informes son una tradición en mi negocio. Y he notado que hay gente en todas las organizaciones dispuestas a compartir información. Sólo tienes que encontrar a esa persona que pueda creer en ti. Puede decirte, "Se trataba de un proyecto demasiado importante, el período de tiempo no nos satisfacía, el presupuesto era demasiado ajustado, no podemos permitirnos trabajar con una empresa más pequeña, o una que recién comienza. Necesitamos una gran empresa con 50 años de experiencia. Lo han hecho anteriormente, pueden volver a hacerlo. ¿Para qué cambiar?" Comentarios de esi estilo son una gran ayuda cuando nos toca preparar la próxima propuesta, o el próximo proyecto o entrevista.

Noté que los hombres se sienten más cómodos trabajando con hombres, y al comienzo firmaba con mis iniciales para que no supieran si Alvarado era un hombre o una mujer. No era un disfraz muy elaborado, pero no iba a crear dudas sobre la capacidad de mi compañía. Puedes aprender de los rechazos. La razón por la cual crees que no obtuviste un trabajo puede ser la incorrecta. En algunos casos pensé que era yo el problema. Pero luego me dijeron que se trataba del precio. Ahora firmo las propuestas con mi nombre completo.

Sentarse a averiguar en qué te equivocaste no es una tarea placentera. Por otro lado, a veces encuentras a gente dispuesta a compartir información que no podrías obtener de otra forma. Y también puedes desarrollar una relación. La gente puede aprender qué clase de personas eres. Y mientras te dicen por qué no escogieron tu empresa puedes aprender mucho sobre ellos. La próxima vez que presentes un proyecto, podrás demostrarles que conoces su situación. Y tendrás más armas para explicarles por qué quieres hacer el trabajo.

Hay gente que abandona el esfuerzo después del primer

rechazo, en vez de volver a intentarlo hasta que salga bien. Por eso no debes asumir que un rechazo es permanente. O que nunca podrás hacer negocios con esa compañía. Puede darse el caso, pero nunca podrás saberlo hasta que preguntes por qué te rechazaron.

SECRETO 6

ORGULLO

Siente orgullo en quién eres, en tu cultura y en tu idioma. Te irá bien y encontrarás el equilibrio entre ambas culturas.

¡Era americano antes que ustedes!

Oscar de la Renta
Fundador, Presidente del Directorio y
Presidente Ejecutivo
Oscar de la Renta, Inc.

A veces la gente escucha mi acento y me pregunta, "¿Eres americano?"

Respondo, "Sí."

Y me preguntan, "¿De dónde?"

"De la República Dominicana."

Y comentan, "Entonces no eres americano."

Y respondo, "Claro que sí. La isla de donde provengo fue la primera colonia en el Nuevo Mundo. Todas las expediciones salieron desde Santo Domingo."

Puedo bromear al respecto, pero estoy muy orgulloso de mi origen. Siempre digo, "Era americano antes que ustedes."

Los hispanos podemos ser una gran inspiración para la sociedad norteamericana porque todavía percibimos a este país como la increíble oportunidad que representa.

Ángel Martínez
Presidente y Presidente Ejecutivo
The Rockport Company

Hay mucha gente que habla mal de Estados Unidos, pero la verdad es que es el mejor país del mundo y por eso tantos emigran aquí, sobre todo desde América Latina. Es una realidad que muchos ciudadanos que han crecido en este país parecen olvidar.

Éste sigue siendo el país de las oportunidades, así provengas de El Salvador, Guatemala, México o Cuba. Hay ciertas pautas culturales de los hispanos como el respeto a la familia y el trabajo honesto que ofrecen ventajas muy importantes para esta país en el próximo milenio.

Deseo con todo mi corazón que aquéllos que comparten mi origen entiendan el papel extraordinario que tienen en el futuro de este país, y que no abandonen su responsabilidad. Si se sientan a decir, "Dadme algo porque me corresponde", no merecen mi respeto. Y a fin de cuentas todos terminaremos mal con esa actitud.

He encontrado el prejuicio en mi camino. Pero lo tomo como un desafío. Tengo que superarlo y demostrar que puedo ser mucho más de lo que ven esas personas de escasa imaginación. Pero tampoco acepto el prejuicio. Escojo mis amistades con cautela. Aquellos que no desean tratarme porque soy hispana no saben lo que se pierden. No me preocupo demasiado por ellos, ni tampoco permito que me quiten el sueño.

Nací en los Andes y veo cada obstáculo como una montaña.

**Lucia DeGarcia
Presidente y Presidente Ejecutiva
Elan International**

Y sé que detrás de cada montaña hay otra que debes escalar. Pero debes crear tus propias oportunidades. Si te tienes fe y crees que puedes lograr algo, lo harás realidad porque éste es el país de las oportunidades. Si lo logras aquí, podrás hacerlo en cualquier otro sitio.

Lucia DeGarcia es presidente y presidente ejecutiva de Elan International en Newport Beach, Estado de California, una compañía dedicada al desarrollo empresarial a nivel internacional. Nació en Medellín, Colombia, y es licenciada en arquitectura por la Universidad Nacional de Colombia. Es miembro de la Fundación México–Estados Unidos.

===

Para tener éxito es necesario sentirnos orgullosos de nuestra cultura, de nuestra lengua y de nosotros mismos. Debemos creer que somos tan buenos como los demás. Cuando podamos creerlo, podremos sentirnos cómodos con nosotros mismos y convivir perfectamente entre la cultura latina y la cultura norteamericana.

Lionel Sosa
Director Ejecutivo
DMB&B/Américas
Fundador, Sosa, Bromley, Aguilar, Noble & Associates

Nací en la parte oeste de la ciudad de San Antonio, el barrio de los hispanos. Mis padres educaron a sus hijos para que sintiéramos orgullo de nuestra cultura y nuestra lengua. Recuerdo que mi madre decía, "Lionel, podrás lograr lo que deseas, aunque seas mexicano." En ese momento no me di cuenta que el mensaje era un tanto contradictorio.

Pero tuvo razón. Pude lograr todo lo que quise en la vida, pero de alguna manera, nunca me sentí un "igual". Por eso trabajé mucho más fuerte que los demás. Hice un esfuerzo especial para ser "tan bueno como cualquier anglosajón".

Mis padres nos enseñaron a *entender* a los anglosajones. "Cuando seas grande vas a tener que tratar con los anglosajones", nos decían.

"Ellos tienen el dinero. Por eso debes asegurarte de entenderlos." Esa lección me ha servido mucho en el ambiente de los negocios anglosajón en el cual me muevo.

De joven me eduqué en escuelas públicas donde el 100 por ciento de los alumnos eran hispanos. Desgraciadamente las escuelas públicas en mi barrio en ese momento eran escuelas vocacionales destinadas a enseñar un oficio en lugar de prepararnos para la universidad. Nos enseñaban oficios manuales, como el tapizado de autos y mecánica, carpintería, mano de obra especializada y artesanía. El mensaje era que los latinos no éramos material para la universidad. Y aún así, a pesar de tantos mensajes contradictorios, aprendimos que todo es posible si trabajamos duramente. Comencé a soñar con metas importantes. Uno de mis sueños preferidos era trabajar como animador para Disney. Solicité un empleo pero no me tomaron. Entonces regresé a San Antonio y mostré mi carpeta de trabajos intentando conseguir un trabajo en el campo de la publicidad.

Tampoco logré conseguir un trabajo en ese medio. Pero me ofrecieron un puesto diseñando carteles. Lo acepté y trabajé para Texas Neon Advertising durante ocho años. Ahí aprendí la importancia del trabajo en equipo y la camaradería. Todos nos ayudábamos. Aprendí a respetar las diferencias. Aprendí a respetar las similitudes. Aprendí a trabajar duramente.

Esas lecciones me sirvieron de guía en mi carrera profesional. Aprendí a trabajar mucho, a trabajar a nivel empresarial en Estados Unidos, el valor del orgullo y del trabajo en equipo. También aprendí a valorar la importancia de mi cultura y mi lengua. Y pude crear una carrera aplicando todos esos conocimientos, en la publicidad para hispanos.

La agencia que fundé genera beneficios que superan los 100 millones de dólares. Hoy en día Sosa, Bromley, Aguilar, Noble & Associates es la agencia de publicidad hispana más importante en Estados Unidos. Emplea a 140 profesionales, en su mayoría hispanos, que están a cargo de presupuestos multimillonarios y planes estratégicos para compañías en la lista *Fortune* 500. Estoy muy orgulloso de mi gente y mis socios Ernest Bromley y Al Aguilar. Hemos logrado mucho trabajando juntos.

Lionel Sosa es el presidente del directorio de DMB&B/Américas y fundador de Sosa, Bromley, Aguilar, Noble & Associates en San Antonio, Estado de Texas. Nació en San Antonio, donde sus padres emigraron desde México. De los 18 a los 26 años fue diseñador de carteles comerciales; luego abrió su propio estudio de diseño gráfico que más tarde se convirtió en Sosa & Associates en 1981. Actualmente la agencia Sosa es una de las 20 que conforman DMB&B/Américas, una red de agencias latinoamericanas que administra Sosa. DMB&B/Américas factura más de 500 millones de dólares al año.

La gente me pregunta, "¿Nunca pensaste en cambiar tu nombre"?

Antonio Rodriguez
Vicepresidente Ejecutivo
Seagram Spirits & Wine Group

Hay gente que me ha preguntado, "¿Has tenido problemas alguna vez con tantos puertorriqueños por ahí que tienen el mismo nombre que tú?"

"¿De qué problema me hablas?", respondo. "Éste es un país que respeta el libre albedrío. Y además no soy el dueño de mi nombre."

Los latinos que no tienen un apellido obviamente hispano no sufren esas molestias. Pero jamás pensaría en cambiar de nombre. Es algo muy importante para mí porque es el apellido que me dio mi padre. Cambiar de nombre sería un deshonor. Conozco a gente que lo ha hecho, y no los critico por eso. Pero me siento muy orgulloso de mi familia y de mi origen, y por eso estoy dispuesto a soportar las molestias.

Lo importante es recordar quiénes somos, de dónde venimos y cómo llegamos hasta aquí.

Linda Alvarado
Presidente
Alvarado Construction, Inc.

Les digo a mis hijos que descienden de grandes constructores, matemáticos y científicos. Nuestros antepasados fueron los arquitectos y constructores de pirámides, viaductos, ciudades y caminos. Vivíamos en las ciudades más desarrolladas del continente. Éramos los aristócratas, los terratenientes, los comerciantes, los abogados, mucho antes que los europeos llegaran a América. Todavía están aquellos que nos resisten y crean una imagen negativa sobre nosotros, aun en la actualidad. Pero creo que la situación está cambiando. Si ves los títulos que acompañan muchos apellidos hispanos en este país—gobernador, alcalde, director ejecutivo—volvemos a ocupar cargos que teníamos hace muchos años. Ya no me pongo a cocinar tortillas como hacía mi madre cada mañana, pero los valores familiares, la tradición y la religión han sido muy importantes en nuestra cultura desde hace siglos. Y los latinos trabajan muy duramente para mantenerlas.

¿Qué hay detrás de un nombre?

Sergio Leiseca
Socio
Baker & McKenzie

Mi identidad es muy importante. Y si hay algo que me molesta profundamente es la forma en que la gente pronuncia los nombres latinos; los asesinan. Y si no los corriges, terminas con un nombre mal pronunciado.

Pasé por una época en la cual me enfurecía cuando alguien pronunciaba mal mi nombre; me hacía sentir como si no formara parte de la comunidad. Hoy en día me siento más seguro. Si alguien no pronuncia bien mi nombre, sencillamente lo corrijo. Y sigo adelante.

Al mismo tiempo, no escondo el hecho de que hablo español. Mi secretaria es venezolana y hablamos español la mayor parte del tiempo. No es que quiera hacerlo frente a aquellos que no lo entienden para que se sientan incómodos. No tienes por qué sacar a relucir las diferencias, sólo por el hecho de que existen. Pero al mismo tiempo, somos libres de ser como somos, y si quieres hablar español, tienes todo el derecho de hacerlo.

Valoro mi nombre y valoro mi origen.

Solomon Trujillo
Presidente y Presidente Ejecutivo
U S WEST Communications Group

ALGUNOS latinos se han americanizado el nombre, adaptándalo a la pronunciación inglesa. ¡Pero en mi familia eso jamás ocurrió! Y aún hoy en día, si alguien dentro o fuera de la compañía pronuncia mal mi nombre, se lo corrijo.

En algunos casos les digo, "En caso de que no sepas pronunciar mi nombre, aquí te lo escribo para que veas."

De ese modo expreso claramente la importancia que le doy a mi nombre. Valoro mi nombre y valoro mi origen. Siempre hago el esfuerzo para aprender a pronunciar correctamente el nombre de los demás, y espero que hagan lo mismo en mi caso. Se trata de saber respetarnos mutuamente.

CONFIDENCIALMENTE

Lo menos que puedes hacer es expresar un nombre correctamente.

Ejecutivo de *marketing* para productos
de consumo de 40 años

ENTREVISTÉ a una candidata para un puesto en la compañía. Ella era latina y entendió que si bien yo también tenía un nombre latino, no la trataría en forma diferente a los demas candidatos. Ella nunca comentó, "Oiga, los dos somos latinos." Fue muy profesional. Y por eso me sorprendí cuando recibí su carta agradeciéndome por la entrevista. Se equivocó de nombre. Tengo un nombre latino muy común y ella lo confundió por otro nombre latino común. ¡Mis colegas no podían creerlo!

Su error lo cometen con frecuencia aquellos que no son latinos—"Gómez, López, Fernández, esos nombres suenan muy parecidos." Pero de todas las personas que entrevisté, ella era de quien menos esperaba ese tipo de error. ¿Me ofendió? No. Me reí, pero en realidad me estaba riendo de ella. Si no eres capaz de tomar en cuenta un detalle como ése, entonces no puedo tenerte confianza como empleado. No sentía un prejuicio en su contra, pero me pareció un error muy tonto.

Debes mantener un nivel mínimo de eficiencia sin importar cuál sea tu origen. No cometas ese tipo de error.

═══════

Nunca aceptes la pérdida de tu identidad y de lo que realmente te importa.

Lydia Hernández-Veléz
Vicepresidente ejecutiva
CoreStates Financial

CRECÍ y asistí a la secundaria en el South Bronx durante un período de "transición". Éramos la segunda familia de Puerto Rico en la cuadra. El cambio se dio mientras cursaba la secundaria: los anglosajones se fueron a vivir en otro barrio mientras la escuela se llenaba de alumnos predominantemente negros y latinos.

Siempre digo que viví en un pedazo de Puerto Rico que aterrizó en Nueva York porque todos los padres de mis amigos y la gente con la que nos veíamos provenía de los mismos cuatro pueblos en Puerto Rico. Me considero muy afortunada por haber tenido una familia tan buena. Mi madre peleó con la escuela desde la jardinera: "Mi hija no está aprendiendo todo lo que debería en esa clase, deben pasarla a otra." No paraba hasta que me transfirieran a una nueva clase. Era igual que mi bisabuela, quien fue una mujer extraordinaria—una verdadera leyenda en su pueblo.

A veces olvidamos los enormes obstáculos que nuestros padres tuvieron que superar; por ejemplo, no se consideraba "políticamente incorrecto" usar nombres despectivos para referirse a minorías étnicas como los latinos. Aun en estos días me resulta enormemente frustrante ver en la televisión la forma en que representan a Puerto Rico como si sólo tuviera chozas de barro. No podemos permitir que los medios sólo presenten esas imágenes de Puerto Rico y los latinos.

Cuando salía del metro que me llevaba a Barnard College en Manhattan sentía que ingresaba en un mundo diferente, y tuve que orientarme sola. La peor parte fue que por momentos sentía que me ahogaba ¡y no sabía cuán profundas eran las aguas! Sólo sabía que tenía que contar en mí misma y en mi familia.

Hubo momentos mientras trabajaba en la agencia de asistencia legal cuando algunos cuestionaban mis decisiones por mi apellido o por ser quien era. ¿Cómo lo superé? Trabajando duro. Demostrando que sabía lo que estaba haciendo en mi desempeño.

Uno de mis mejores días ocurrió cuando ingresé a esta empresa. El banco me había dado proyectos muy interesantes, que hacía unos años ni siquiera hubiera considerado, por mi apellido. La dirección de la compañía dijo, "No vamos a evitar que un empleado pueda dar lo mejor de sí mismo a la empresa."

Desarrolla tus defensas. Nunca olvides que nadie puede organizar tu carrera mejor que tú. No te rindas ante nadie en ese sentido. Tú eres tu propia empresa. Eres tú quien "contrata" tus servicios a una compañía. Yo me contrato con esta compañía—mis talentos, mi inteligencia y todo lo que puedo ofrecerles. Nadie es responsable de mi éxito excepto yo. Si hago el sacrificio y me levanto a las cuatro de la mañana para leer algo que creo podrá ayudarme, lo hago porque vale la pena.

Lydia Hernández-Veléz es el vicepresidente de CoreStates Financial Corporation en Philadelphia. Creció en el South Bronx. Es licenciada en Bellas Artes del Barnard College, estudió abogacía en Hofstra University y comenzó su carrera trabajando en una agencia de servicios legales para la comunidad. Ingresó a CoreStates en 1990, donde actualmente dirige el departamento legal.

Siempre fui tremendamente competitivo, nunca me sentí satisfecho con algo menos que una victoria.

Arturo J. González
Socio
Morrison & Foerster

Mi padre emigró a Estados Unidos desde México en 1955. Llevó a mi madre y a sus cinco hijos a California en 1959. Nací al año siguiente. Pasé muchos años de mi infancia trabajando en los campos al norte del Estado de California. Pasamos la mayor parte de los veranos recogiendo duraznos, aunque también recogíamos tomates y ciruelas. Todavía recuerdo cuando me obligaban a despertarme a las cuatro y media de la mañana y me daban un chocolate caliente como desayuno. A las cinco de la mañana mis dos hermanos mayores, mi madre, mi hermana más joven y yo manejábamos hasta los campos. Trabajé en las cosechas hasta el sexto año de la primaria.

Mis padres no tienen una educación formal. Mi padre trabajó para la compañía de ferrocarriles Southern Pacific. Formaba parte de una cuadrilla de trabajadores viajantes. Se iba los domingos de tarde y no regresaba hasta los viernes por la tarde. Aunque no pasamos mucho tiempo juntos, siempre respeté a mi padre porque trabajó duramente.

Considerando mis orígenes, cualquiera podría pensar que terminaría en un empleo mal compensado, o dependiendo de la asistencia del gobierno, en prisión o algo peor. Por razones que no puedo entender del todo, fui más afortunado. Desde que tengo memoria, siempre me interesé por la escuela y por aprender. El factor más significativo para motivarme en mi vida fue la injusticia que percibí durante me niñez y mi juventud. Todavía recuerdo la confusión que reinaba cuando llegaban los camiones de la inmigración a toda velocidad para arrestar a la gente que estaba trabajando en los campos. Muchos de los trabajadores salían corriendo; algunos lograban escaparse. Nunca comprendí porqué se llevaban a tantas familias. Para peor, mis dos hermanos mayores tuvieron encuentros muy desagradables con la policía. Mucho antes del video de Rodney King y las cintas de Mark Fuhrman, esas experiencias me llevaron a pensar que para proteger a mi familia y a mi gente tenía que dominar las leyes.

Ningún miembro de mi familia asistió a la universidad. Afortunadamente mi hermana Eva me ayudó a llenar los formularios requeridos, y fui admitido a la University of California at Davis.

Si bien saqué buenas calificaciones en la secundaria, no completé los cursos requeridos para ser admitido en la universidad. De todos modos UC Davis me dió la oportunidad de inscribirme gracias al Educational Opportunity Program, también conocido como Affirmative Action, un programa de asistencia dirigido a las minorías étnicas.

Cuando ingresé a UC Davis sabía que quería ser abogado. Antes de mi primer año en la universidad, pinté "Harvard or Bust" ("Harvard o la Ruina") en mi Volkswagen escarabajo modelo 1965. Me gradué con honores en 1982, con una licenciatura en ciencias políticas y servicio público, y de ahí me fui a Harvard University.

Mudarme a Cambridge, en el Estado de Massachusetts,

fue difícil. Nunca me había subido a un avión. Aparte de algunos viajes para visitar familiares en Los Angeles y los alrededores de San Francisco, nunca me alejé más de 80 kilómetros de la casa de mis padres. Sabía muy poco de lo que podía esperar de la facultad de abogacía, y no sabía nada de la costa este de Estados Unidos. Por más tonto que parezca, pasé un período de tiempo considerable preocupándome por saber si tendría las provisiones adecuadas. Me sentí como si estuviera viajando a otro planeta.

Me gradué de la facultad de abogacía en 1985 y comencé a trabajar a tiempo completo en Morrison & Foerster ese mismo otoño. Escogí el bufete Morrison & Foerster por el compromiso que mantienen en ofrecer asistencia legal a los pobres. Ingresé al departamento de litigios en San Francisco. Aunque sólo tenía 27 años, mi primer salario era prácticamente el doble de lo que había ganado mi padre el año anterior (después de trabajar casi tres décadas en el ferrocarril). A los pocos meses de comenzar mi empleo, mi padre se jubiló. Fui a trabajar con él en su último día. Lo que más recuerdo de esa ocasión fue que después de casi 29 años de servicio, mi padre no tuvo permiso de irse a su casa temprano en su último día. Característicamente, no se quejó.

La profesión legal ha cambiado significativamente en los últimos diez años. En 1985 había tanto trabajo legal que los bufetes no podían tomar suficientes abogados. Hoy en día el mercado de trabajo en el área legal se ha modificado dramáticamente. Un número creciente de nuestros clientes cuenta con servicios legales en sus empresas, y muchos otros exigen la misma calidad en el producto de nuestro trabajo, pero con un costo menor. Los bufetes redujeron sus plantillas, y muchos abogados están buscando trabajo en este momento. Los estudiantes que se gradúan de las mejores universidades todavía son capaces de encontrar un empleo con los grandes bufetes, pero hay estudiantes de muchas facultades de abogacía que no pueden conseguir trabajo.

Todo estudiante que esté contemplando trabajar en un gran bufete de abogados debe reconocer que uno de los factores más importantes para determinar si un joven abogado podrá tener éxito es la capacidad que tiene ese abogado para generar beneficios. No es algo fácil de lograr, especialmente para los abogados de color. La mayoría carecemos de amigos ricos que puedan pagar nuestras elevadas tarifas. Por esa y otras razones hay muy pocos abogados que sean miembros de minorías étnicas en los grandes bufetes. Cuando comencé a trabajar en Morrison & Foerster era el único abogado latino en el bufete. Hoy en día, de los 500 abogados en plantilla, ocho son latinos.

En 1992 llegué a ser el primer socio latino en Morrison & Foerster. Tuve éxito en gran parte gracias a la voluntad del bufete de permitirme dedicarme a ofrecer servicios legales en defensa de los pobres. En 1991, el distrito escolar Richmond (ubicado cerca de San Francisco) anunció que cerraría las escuela con seis semanas de anticipación porque el distrito había agotado sus fondos. Con la asistencia de mi abogado consultor Michael Harris, pude obtener una orden judicial preliminar requiriendo que el Estado de California mantenga las escuelas funcionando. Más adelante Michael y yo llevamos el caso hasta a la Corte Suprema del Estado de California. Y ganamos.

Trabajar en un gran bufete me ha permitido prestar servicios a los latinos en una variedad de casos. En 1992, por ejemplo, cuatro latinas fueron arrestadas durante una reunión de la junta escolar, además de ser objeto de una humillante inspección visual de orificios y se presentaron varios cargos criminales en su contra. Durante la inspección las mujeres fueron obligadas a quitarse la ropa, y mientras estaban desnudas les exigieron que sacudan el cabello, a ponerse en cuclillas y toser, y luego darse vuelta e inclinarse paa que un oficial pueda revisar sus orificios. Si bien las señoras no podían paga un abogado, pude defenderlas con éxito de sus cargos criminales. Después del juicio presentamos una demanda civil en una corte federal, reclamando que la inspección a la que fueron sometidas violó sus derechos protegidos por la cuarta enmienda a la Constitución. Un jurado federal estuvo de acuerdo y le otorgó a nuestros clientes una compensación de 1.450.000 dólares.

> *Hasta la fecha gané todos mis casos frente a un jurado. La clave de mi éxito pasa por la preparación, siempre anticipando la maniobra que los abogados opositores puedan realizar.*

Mi consejo para los futuros abogados es que trabajen duro, que sean personas cabales, honestas y que se manejen con buen juicio. Ser abogado es una profesión exigente que provoca tensiones, pero los resultados obtenidos pueden darnos grandes satisfacciones. Recuerda que no importa lo bien que pueda hablar una persona, sólo un abogado puede entrar a la corte y hablar a favor de otros. Es una tremenda responsabilidad.

Arturo J. González es socio de Morrison & Foerster, un bufete de abogados internacional con sede en San Francisco, Estado de California. Creció en Roseville, California, un pequeño pueblo ferrocarrilero cerca de Sacramento. Recibió una licenciatura en ciencias políticas de la University of California at Davis y un título de abogacía de Harvard University.

La experiencia latina va a ser muy diferente para cada uno de nosotros.

Sabino Rodriguez III
Socio
Day, Berry & Howard

CREO que la experiencia latina de cada uno depende de cuán "anglosajón" suena tu nombre y el modo en que luces. En mi caso particular es imposible diferenciarme de cualquier anglosajón porque "no luzco como un latino". Por eso no creo haber sufrido los mismos prejuicios que otros han sufrido por causa de su aspecto. Sin embargo tuve varios problemas debido a llamarme Sabino Rodriguez.

Durante el primer año en la facultad de abogacía, uno de los profesores me invitó a participar en clase diciendo, "¿Cuál es su opinión, Sr. González?" Me quedé sentado mirándolo, sin decir nada. No creo que haya querido hacerme daño. Tampoco creo que le importara demasiado. Pensaba decirle, "No se preocupe, los nombres anglosajones me parecen todos iguales a mí también."

Me pareció importante no dejarle saber lo mal que me hizo sentir. No hubiera ayudado a mejorar la situación.

Sabino Rodriguez III es socio en Day, Berry & Howard, un gran bufete de abogados, y está basado en la oficina de Stamford, Estado de Connecticut, especializado en transacciones comerciales, compensación a ejecutivos e impuestos estatales y federales. Es un norteamericano de segunda generación, nacido en Yonkers, Estado de Nueva York, y sus abuelos provienen de Colombia y España. Tiene familiares en México, Puerto Rico y Cuba. Es licenciado en economía y gobierno de Harvard University y estudió abogacía en la misma universidad. Comenzó su carrera como abogado en Sullivan & Cromwell en Nueva York.

Todo se reduce a lo que te enseñaron tus padres: La familia viene primero, luego la confianza en ti mismo y hacer el bien a tu comunidad. Esos son los valores fundamentales.

Frank Alvarez
Vicepresidente
Kaiser Foundation

Nací y me crié en East Los Angeles. Provengo de una familia de clase trabajadora. Mi padre conducía un camión y mi madre era costurera. Después de terminar la secundaria escogí una carrera en la salud pública porque no me gustaba la forma en que trataban a mi gente en los hospitales del barrio. Teníamos hospitales pequeños que aparecían y desaparecían cada diez años, abrían y volvían a cerrar dos o tres veces. Cuando las ambulancias llegaban para recoger a la gente y llevarlos al hospital, se trataba de sacarlos de ahí lo antes posible porque la calidad de la atención no estaba muy bien considerada que digamos. Por Dios, era puro miedo lo que sentíamos. Nos trataban como a ciudadanos de segunda clase. Por eso decidí cambiar el sistema desde adentro.

Después de obtener mi licenciatura, fui aceptado a Notre Dame y a la University of California at Berkeley para hacer mi posgrado. Mi esposa estaba embarazada en ese momento. Pusimos las dos cartas que aceptaban mi ingreso sobre la mesa. Vivíamos en una casita en East Los Angeles. Yo tenía dos trabajos para poder comer. Le dije, "¿A qué universidad crees que debo ir?" Mi esposa me respondió con una pregunta de lo más profunda: "¿Nieva en Berkeley? Sé que nieva en South Bend, donde queda el campus de Notre Dame. Será mejor que vayas a Berkeley, porque no tenemos ropa de abrigo para los chicos."

Siempre había vivido en una comunidad compuesta mayormente por latinos, gente de mi raza. Me sentía muy cómodo con el grupo que tenía a mi alrededor. Nos juntábamos los fines de semana a jugar al baloncesto y a tomar cerveza después del partido. Las familias se reunían para las fiestas y hacíamos grandes reuniones. Me vestía de una forma particular, y llevaba mi cabello en un estilo especial. Cuando nos mudamos a Berkeley para empezar mi posgrado, me di cuenta inmediatamente que lucía extraño. Las chaquetas de cuero que usaba para ir a los casamientos no iban bien ahí. Y recuerdo la primera vez que asistí a una cena formal, una de esas con seis o siete platos, y todos esos cubiertos. ¡Me enloquecí! No sabía qué hacer. Fui incapaz de terminar lo que venía en cada plato. Pero uno aprende esas cosas. Tenía mucho que aprender culturalmente. Pero tampoco quería "venderme", cambiar mi personalidad, ser un "tío taco". Necesitaba mantenerme en contacto con mis amigos que no asistían a la universidad porque lo peor que le puede pasar a cualquiera es la incapacidad de relacionarse con la gente con quien creció. Ya tenemos muchas personas en la comunidad latina que lo hacen. Sentía que tenía una misión que cumplir mientras cursaba el posgrado. Decía constantemente, "Voy a regresar a East Los Angeles. Ahí me necesitan. De ahí vengo." Pero no conseguí ninguna oferta de trabajo ahí. Los Angeles es una ciudad un poco más racista, especialmente entre aquéllos con el poder de tomar decisiones. Hay un miedo mayor a la población hispana, fundamentalmente por el gran número de habitantes. No pude vencer ese prejuicio en un principio, pero resultó que un hospital en San José buscaba a alguien como yo, y terminé aceptando un empleo en la parte este de San José trabajando con la comunidad latina.

El hospital se encontraba en el medio del barrio latino de San José, igual que en East Los Angeles, pero en una escala más pequeña. Y estaban bajo una tremenda presión por parte de la comunidad latina para que el hospital mejore los servicios. Un grupo de organizaciones hispanas llegó a presentar una demanda contra el hospital. Me tomaron para que intentara mejorar las relaciones con la comunidad, entre otras cosas.

Lo primero que hice fue hablar con los líderes comunitarios. Me senté a la cabecera de una mesa junto a los representantes de ocho o nueve organizaciones. Algunos todavía parecían vivir en los años 60. Una mujer del Partido Raza Unida dijo, "Muy bien, Sr. Alvarez, háblenos de usted. Demuestre que por sus venas corre sangre latina."

No me molestó demasiado porque venía de una comunidad latina y sabía manejar esas situaciones. Pero seis meses después de trabajar con esa comunidad, mi jefe me llamó para decirme que dejara de trabajar con ellos. "¿Es que lo hago mal?", le pregunté. "Mira", respondió, "me temo que vayas a hacer demasiados compromisos, y esa gente vaya a esperar mucho de nosotros. Tienes que ponerles fin a las negociaciones." "¿Qué compromisos?", le pregunté. "No me estoy comprometiendo a nada. Esa gente sólo desea un servicio mejor."

Finalmente mi jefe se enfadó conmigo y me dijo, "Alvarez, nunca vas a llegar a nada si sigues trabajando con esta clase de gente." "Muy bien", le contesté. Continué haciendo mi trabajo, pero nunca más se lo dije. Si hubiera permitido que mi jefe tuviera una mayor influencia, nunca hubiera tenido el éxito del que disfruto hoy en día. Fue uno de los mejores ejemplos de la clase de persona que no quería ser.

CONFIDENCIALMENTE

Si dices, "maldito racista", estás cerrando una puerta que probablemente tendrás que cruzar más adelante.
Ejecutivo mercantil de 29 años

No tengo un apellido latino. Soy mexicano, pero me adoptó una familia anglosajona. Resulta extraño a veces, sobre todo cuando hablo con la gente por teléfono. Es una ventaja y una desventaja al mismo tiempo. Porque hay gente que si cree que está hablando con una clase de persona dicen cosas que nunca me dirían frente a mí si supieran quién soy. Aprendí un montón de cosas interesantes de ese modo.

En una ocasión una persona encargada de entrevistar a candidatos para un puesto me dijo, "Tenemos que llenar un cupo para una minoría étnica, y necesito tomar a un mexicano." Le dije, "¿Sabes? Eres muy afortunado."

Hay gente que cree que soy un cobarde por no haber colgado el teléfono. Pero hay formas de usar la anonimidad a tu favor. Soy el latino silencioso. Cruzo el umbral de puntillas, y luego se dan cuenta, "Oh, ¡hemos empleado a un latino!" La desventaja es cuando la gente que sólo me conoce a través del teléfono o correspondencia se encuentra conmigo por primera vez. Me miran y casi puedo escucharlos decir, "Dios mío, ¡eres un de esos!" Pero si respondes, "¡Maldito racista!", que es lo que quisieras decir en verdad, podrías cerrar una puerta que podrías necesitar más adelante.

En realidad, me he convertido en una persona mucho más abierta a otros puntos de vista. Antes tenía una actitud defensiva, pensando todo el tiempo, "sólo quieren hacerme daño", una forma de pensar que no es tan difícil de desarrollar cuando ves y escuchas algunas de las cosas que me tocaron vivir. Pero me he calmado bastante, sabiendo que después de todo nadie es perfecto. Todos tenemos nuestros prejuicios. Algunos son más perniciosos que otros, pero voy a intentar dejarlos a un lado.

Obtuve un empleo con IBM, y un buen empuje en mi carrera, gracias a que podía hablar tanto inglés como español."

Anthony Xavier Silva
Cofundador, Director y Presidente Ejecutivo
Corporate Systems Group

Una de las cosas que los hispanos debemos hacer es desarrollar nuestros talentos lingüísticos para poder comunicarnos efectivamente tanto en inglés como en español. De esa manera, eliminamos obstáculos para nuestro éxito y al mismo tiempo ampliamos nuestro campo de acción.

Creo que como hispanos, tenemos mucho de lo cual enorgullecernos, y además pienso que en Estados Unidos la gente no siente tantos prejuicios en contra nuestra como algunos piensan. No hay duda de que hay muchos hispanos en este país que no tienen la oportunidad que se merecen, y desearía que eso cambie. Pero si desarrollas tus talentos en el idioma para que puedas comunicarte efectivamente y mantener una buena relación tanto con los anglosajones como con los hispanos, y cualquier otro tipo de persona con quien te relaciones, te irá muy bien.

Tuve una formación bilingüe. Mis padres hablaban español entre ellos y conmigo hablaban inglés. Por eso hablaba mejor inglés que muchos hispanos que asistían a la escuela conmigo en Miami, donde aprendieron el inglés prácticamente como una lengua secundaria. Cuando cumplí los 12 años mis padres me enviaron a una escuela de jesuitas para que continuara estudiando el español. La escuela quedaba en el barrio de Little Havana, que es 99 por ciento de origen cubano. Fue una inmersión total en el idioma. Me sentí forzado a aceptar mi origen hispano en ese momento.

Mi carrera recibío un gran impulso cuando conseguí un empleo con IBM en 1985. En ese momento tenían una división llamada NDD que vendía productos para computadoras. Y buscaban empleados que hablaran español ya que tenían un gran número de clientes latinos que no hablaban inglés. Como era de origen cubano y hablaba el inglés muy bien y podía tratar con los anglosajones me tomaron. Pero debo confesar que exageré mi habilidad de hablar español. En poco tiempo aprendí el vocabulario básico de las computadoras en español. Y divertí a mis clientes hispanos con mi forma de "asesinar" el idioma. Ellos pensaban, "Éste sabe de lo que está hablando, pero le cuesta traducirlo al español. Quizás pueda ayudarlo." Logré interesarlos tanto en ayudarme, ¡que al final todos terminaron comprando mis productos!

Por lo general la gente no se da cuenta que soy hispano. En muchas ocasiones mientras viajo por el país me preguntan, "¿Qué tal es Miami con tantos cubanos?" "Es una ciudad encantadora", les digo, "somos gente excepcional." No gano nada enfadándome. Eso no ayuda. Sólo confirma sus tontas creencias. No merecen que malgastemos nuestro tiempo.

SECRETO 7

SIGUE TU CAMINO

El balance entre lo personal y lo espiritual te permitirá superar obstáculos y triunfar.

*Mi padre me enseñó cuán fácil es para un solo
cretino descarrilar tu carrera, sobre todo si eres
miembro de una minoría étnica.*

Mario Baeza
Presidente, Wasserstein Perella International
Director Ejecutivo, Operaciones en América Latina
Wasserstein Perella & Company

Mis padres llegaron a este país, según lo que me cuenta mi
padre, para que yo pudiera nacer en Estados Unidos y así
tener el derecho a ser elegido presidente. También quería
que hablara español. Era un hombre adelantado a su
tiempo. Él creía que mientras seas parte de un grupo, debes
contribuir y al mismo tiempo disfrutar de las ventajas que
ofrece una relación íntima con ese grupo. Pero también
creía en un mundo ancho y ajeno que teníamos que con-
quistar. Tienes que estar preparado en todos los aspectos
posibles para poder participar. El asunto es que somos negros e hispanos.

Mi padre fue un innovador en muchos aspectos. Se crió
en Cuba, vino a vivir a Estados Unidos, ingresó a la universidad, se graduó con honores de Cornell, donde obtuvo su
licenciatura y un *master's*, y luego ingresó a Michigan State,
donde obtuvo su doctorado. Mi madre de mientras estudiaba en Columbia University, donde obtuvo un *master's* en
música, algo que no se hacía en esa época. Fueron grandes
ejemplos para mí.

Por desgracia mi padre nació con una enfermedad car-
diaca congénita y murió cuando yo tenía catorce años. Pero
pienso en él todos los días. Y todos los días pienso en lo bien
que me han hecho las lecciones que él me enseñó.

Mi padre pasaba largas horas después de la cena fumando puros y bebiendo un cognac o un brandy haciéndome preguntas una y otra vez sobre situaciones hipotéticas. "Puedes encontrarte en situaciones como ésta más adelante", me decía, "y esto es lo que puede ocurrir y así debes comportarte."

"Llegará el momento", me dijo una vez, "en que un buen amigo llegará a tu casa manejando su flamante auto nuevo y te invitará a dar una vuelta. Y pensarás, algo no está bien. ¿Cómo hizo para comprarse ese auto? Y en ese caso debes confiar en tus instintos; si algo no te inspira confianza, no lo hagas."

Y exactamente a la semana de la muerte de mi padre, mi primo vino a casa manejando un auto enorme y me invitó a dar un paseo. Fue como si estuviera viendo una escena de una película. En ese momento escuché la voz de mi padre y no subí al auto. Inventé una excusa. Mi primo dio vuelta a la esquina y lo detuvo la policía—manejaba un coche robado.

Mi padre contaba historias de cuando estudiaba en Cornell University y encontró prejuicios raciales. Uno de los profesores lo atacó por uno de sus trabajos. Mi padre tenía muy buen carácter, pero ese profesor lo siguió atacando hasta que mi padre le dijo que tomara su trabajo y se lo metiera por el fondillo, y salió de la clase.

Llamó a su padre, mi abuelo, y le contó lo ocurrido. Mi abuelo le dijo, "Muy bien, ahora vé a disculparte." La lección que quiso enseñarle fue que no debía permitir que un cretino lo alejara de su camino. No iba a poder graduarse y su vida podría ser un desastre, todo por culpa de un cretino. Y siempre encontrarás un cretino en el camino a lo largo de tu vida. Mi padre hizo las paces con el profesor.

> *La frase preferida de mi padre era, "Tienes que vencerlos en su propio juego." En primer lugar eso quiere decir que tienes que conocer las reglas del juego. Luego tienes que encontrar la manera de vencerlos.*

CONFIDENCIALMENTE

Es importante comprender que hay gente que nunca será tu amiga, más allá de tu interés en desarrollar una amistad con ellos, y que algunas de sus actitudes nunca van a cambiar.

Director ejecutivo de finanzas de 43 años de una empresa de productos agrícolas

En ocasiones la discriminación ocurre en forma muy sutil, y cuando existe debajo de la superficie se convierte en algo casi pernicioso. La mayoría nunca se acercaría a decirte, "Estúpido latino, no puedes cerrar ese trato." Eso puede sonar una alarma. El mayor obstáculo está en las personas que piensan de esa manera pero son lo suficientemente inteligentes para no decirlo. Es muy difícil descubrirlos.

He conocido a gente que me impresionó como muy "internacional" por su marcado interés en América Latina. Pero resultó ser una gran revelación cuando me di cuenta que su interés era el producto de una curiosidad antropológica, del tipo de la revista *National Geographic*. Les encanta visitar y sacar fotos de los latinos usando grandes sombreros, pero en realidad desprecian a los hispanos.

Recuerdo el comentario que me hizo una persona: "Cuando estudiaba en la universidad, pasaba mis vacaciones de primavera en Cuba, y me divertía mucho. Aprendí el español mirando algunas películas, y recuerdo fumar puros en la Tropicana." Para esa gente, visitar América Latina es una mezcla entre un paseo por el jardín zoológico y una visita al museo.

A veces surgen comentarios interesantes en conversaciones cuando intentas desarrollar una relación con una persona. Un comentario que escuché, por ejemplo, fue, "Fue terrible visitar Guatemala y ver a la gente vistiendo *jeans* y botas tejanas, en lugar de la ropa tradicional tan pintoresca. Ahora quieren lucir como cualquier persona en Texas." Escuché comentarios de ese tipo expresados ante hombres de negocios mexicanos durante una reunión. Como me comentan muchos de mis amigos mexicanos, "A veces en esas reuniones nos miran como si estuvieran hablando con campesinos del Tercer Mundo."

El desafío es, en primer lugar, contener a ese tipo de persona para que sus prejuicios no se interpongan en tu camino. Y en segundo lugar, hasta qué punto, personal y éticamente, puedes aceptarlos. Probablemente te encontrarás en situaciones en los cuales tendrás que poner un límite y decir, Lo siento, pero no puedo aceptarlo. Y considerando ese comportamiento, no me importa si me hago de un enemigo para toda la vida. Tienes que ser capaz de aceptar las consecuencias de tus acciones, de un modo u otro.

Trato de distanciarme de cualquier tipo de prejuicio expresado abiertamente, y trato de distanciar la compañía de ese tipo de actitud. Hago un comentario casi frívolo como, "Se trata de una visión antropológica interesante, pero estoy seguro que nadie que haya considerado ese punto de vista estará de acuerdo." Pero también dejo en claro cuando trabajo con un cliente que los comentarios negativos sobre minorías étnicas no son aceptables. Cuando regreso a la oficina, lo comento con las personas que estarán tan sorprendidas como yo. Por suerte hay un gran número de personas así—y creo que son la gran mayoría—y al final el individuo equivocado aislada del resto. Si soy el único que se preocupa por los prejuicios, entonces es fácil para los demás pensar, "Es latino. Por eso se preocupa tanto por esas cosas. Es demasiado sensible."

================

CONFIDENCIALMENTE

El orgullo en ti mismo y en tus raíces es la mejor manera de tratar con el prejuicio.

Presidente de división de una
compañía de alta tecnología de 37 años

UN colega hizo un comentario sobre mí durante una reunión de la junta de directores de la compañía. El comentario quedó reflejado en las actas, que supuestamente no debería haber visto, pero que igual llegaron a mis manos. Dijo, "¿Quién rayos se cree que es? No existe la más mínima posibilidad de que nuestros colegas sureños de Georgia permitan que un puertorriqueño con sangre negra vaya a ser presidente de esta compañía."

Ni siquiera presté atención a esos comentarios. Los hizo un idiota. Y terminó perdiendo ya que en estos momentos no tiene ningún tipo de poder en la empresa. Pero el hecho de que se expresen esos comentarios sobre minorías étnicas quiere decir que alguien piensa de esa forma. Y cada vez que alguien expresa esos sentimientos en público, tiene que haber probablemente mil personas que piensan igual pero no lo dicen. Eso ocurre, por lo que debes estar preparado. Y debes ser fuerte.

¿Qué puedes hacer al respecto? Es parte del ambiente en el mundo de los negocios. Debe ser fuerte. Concentrarte en las cosas que puedes cambiar. Haz lo mejor que puedas hacer en tu trabajo y trabaja con gente que no piense así.

===

No permitas que el prejuicio de otros se convierta en un impedimento.

Roman Martinez
Director Gerente
Lehman Brothers

ME siento muy orgulloso de mis raíces y en casa hablamos español. Mis hijos hablaban español antes de hablar inglés. Pero también me siento muy orgulloso de ser ciudadano de Estados Unidos. Si quieres desarrollar tu carrera concéntrate en su dimensión profesional. No permitas que los aspectos personales o tu origen étnico se convierta en el tema principal.

> *Evita considerarte una persona sin privilegios o una víctima. Considérate una persona con un papel importante que cumplir.*

Si te presentas a un equipo de fútbol o de béisbol, es casi seguro que la decisión de aceptarte en el equipo dependerá de tu actuación en el campo de juego. Nadie dirá, "Eres negro, por lo que debes ser bueno al baloncesto." O, "Eres de América Latina, por lo que debes ser muy bueno en béisbol." La vida no es así. Y en el mundo de los negocios se da una situación similar.

Hay áreas donde el prejuicio todavía existe, y si lo encuentras, no permitas que se convierta en un impedimento. Es problema de ellos, no tuyo. Si ellos quieren atacarte por ese lado, trata de esquivarlos en vez de enfrentarlos. Tienes que ser más inteligente que ellos.

Todos tenemos una dimensión que puede ofender a otro. Pero no te distancies de las cosas importantes por eso. Dedícate a los objetivos que te interesan. Y trata de ser el mejor en cualquier trabajo que escojas. Si te encuentras con un obstáculo, no pierdas el tiempo pensando cómo vencerlo, intenta esquivarlo. No permitas que se convierta en una distracción. Tienes que tomar una decisión. ¿Vale la pena pelear por eso? ¿Cuáles son los beneficios? No pierdas de vista tu objetivo.

===

Si tienes la fe necesaria en tu visión, otros también podrán compartirla.

Manuel D. Medina
Presidente y Presidente Ejecutivo
Terremark, Inc.

CUANDO estaba en la universidad quería ser un surfista; llevaba el cabello largo, estaba siempre bronceado y vestía uniformes del ejército de segunda mano. El color de mi cabello era claro y no lucía como un "hispano". Tenía un trabajo de media jornada en una fábrica. Había tres señoras cubanas trabajando en la fábrica y me di cuenta inmediatamente que me miraban como si fuera un desagradable anglosajón.

Inmediatamente empezaron a hacer comentarios negativos entre sí en español: "Mira a ese joven. Te apuesto que su madre es prostituta. ¡Yo le pondría la cabeza a hervir y le cortaría todos esos pelos!" Así siguieron durante tres o cuatro días, hasta que en un momento me acerqué a una de ellas, puse mi mano sobre su espalda y le dije en español, "¿Le parece que podremos regresar a Cuba algún día?"

¡Dejó caer todas sus cosas! ¡Que hubieran visto la cara que puso!

¿Y sabes lo que ocurrió? Terminé muy amigo de las tres señoras. Hasta cocinaron para mí. Nunca olvidaré ese episodio. ¡Y es muy posible que ellas tampoco!

La lección de esa historia es que nadie está libre de prejuicios, ni siquiera los latinos.

Si eres latino debes tomar cualquier oportunidad que se presente en tu camino y tratar de aprovecharla al máximo. Al comienzo de tu carrera trata de pasar un rato en una organización como un gran banco, o una gran firma contable o de abogados, porque podrás estar expuesto a un nivel de excelencia desde la forma en que vistes a la manera de presentar una propuesta que nunca olvidarás.

Debes estar preparado. Conoce tu trabajo, porque no hay nada peor que confundir lo formal con lo substancial. Los miembros del departamento de *marketing* te dirán que vistas un traje caro y una camisa hecha a medida aunque sean lo único que tengas. Bien. Pero aunque entres a una reunión luciendo muy bien, cuando abres la boca, la gente se olvida inmediatamente de tu aspecto. Así seas negro, blanco o latino, tu aspecto no tiene importancia. Si eres el mejor, sabes lo que estás haciendo y lo haces bien, tendrás éxito. Lo más difícil es al comienzo. Y lo importante es no darte por vencido.

Cumple con tu palabra. Cualquier persona en nuestra comunidad podrá decirte que cuando doy mi palabra, no me importa lo que digan los documentos, la cumplo, aunque me cueste dinero.

Crea una reputación de ser una persona que cumple con lo que promete. Si la gente sabe que no vas a decepcionarlos, saben que pueden confiar en ti, entonces no importa si eres mexicano, cubano o de cualquier otra nacionalidad.

Los negocios pueden tener una dimensión muy personal cuando trabajas solo o en una empresa pequeña. Del mismo modo, pueden tener una dimensión impersonal cuando trabajas para una gran compañía. Pero todavía creo que si eres bueno en lo que haces, eres perseverante y creas una reputación de ser una persona que cumple con sus promesas, tu origen no será un factor importante. Si encuentras a personas a quienes les molesta tu origen étnico, mi consejo es que no les hagas caso. ¿Sabes por qué? Porque siempre podrás usarlo como excusa: "Oh, no les gusto porque soy esto o aquello."

¿Sabes cuán afortunado eres? Imagínate cuán aburrida

sería tu vida si fueras igual a todos los demás, como salido del mismo molde, o si hubieras nacido en una camioneta en el estado de Carolina del Norte.

Manuel D. Medina es el presidente y presidente ejecutivo de Terremark, Inc., una empresa de urbanizaciones comerciales basada en Miami. Llegó a Estados Unidos a los 13 años, se graduó de Florida Atlantic University con una licenciatura en contabilidad y comenzó su carrera profesional con Price Waterhouse en Florida. Ha dirigido varios de los proyectos comerciales más ambiciosos, como la remodelación del área Coconut Grove, el complejo comercial CocoWalk y el Brickell Bayfront Club.

CONFIDENCIALMENTE

Cuenta hasta diez, no lo tomes en forma personal, y siempre conéctalo con el bien de la compañía.

Empresario e inversionista de 56 años

No puedes eliminar los prejuicios y tendencias racistas de la gente del día a la noche, pero puedes educarlos para que sean más sensibles.

> *Hay momentos en que tienes que combatir los prejuicios dejando en claro cuáles son las reglas del juego y asociando ese comportamiento directamente con el desempeño en el ámbito de los negocios.*

Hace unos años desarrollé un nuevo proyecto para una gran compañía en la industria del espectáculo que era muy original. Estábamos a punto de ponerlo en marcha y había recibido mucha atención de los medios. Trabajé mucho en ese proyecto y me sentía muy orgulloso del progreso realizado.

El presidente de mi división era nuevo en su cargo, y trajo consigo a un amigo cercano como jefe de mercadero. Jugaban al golf a menudo. Ambos estaban sobrecompensados realizando un trabajo que superaba su competencia y todos lo sabíamos. Ellos intentaron "secuestrar" a mi proyecto y hacerlo suyo. Querían presentarlo a su manera y llevarse todos los elogios. Naturalmente, me resistí.

El presidente de mi división me llamó a su oficina. Cerró la puerta y comenzó a insultarme, gritando comentarios racistas a todo volumen, tan fuerte que todos en ese piso pudieron escucharlo.

Lo escuché sin decir nada durante veinte minutos. Cuando se calló le pregunté si había terminado. Dijo que sí. Procedí a analizar cada una de las críticas lanzadas en mi contra con calma y en forma organizada. Luego me acerqué y le dije sin levantar la voz que nunca más, bajo ningún tipo de circunstancia, se dirigiera a mí en esos términos racistas. Y que si volvía a hacerlo, respondería en una forma mucho más firme y del mismo modo en que él se dirigió a mí. Finalmente le dije que no permitiría que se apoderara de mi proyecto—no había tiempo para informar a su amigo de todos los detalles, y si lo presentaban de acuerdo al plan que habían sugerido, el proyecto se vería perjudicado al igual que los beneficios para la compañía.

Ellos me dejaron actuar a mi manera, el proyecto recibió atención a nivel nacional y tuvo gran éxito. El presidente nunca más se atrevió a hablarme de esa manera.

Gracias al éxito del proyecto conseguí un trabajo mejor con otra gran empresa en ese campo. El presidente de mi división fue dado de baja pocos meses más tarde.

A veces un jefe horrendo viene con el territorio.

Phil Ramos
Presidente Ejecutivo
Philatron International, Inc.

APRENDÍ mucho en la segunda compañía para la que trabajé, pero también fue una época muy dura porque no estaba de acuerdo con la filosofía que llevaba mi jefe. Tenía un tipo de personalidad paranoica; era incapaz de confiar en sus empleados. Estaba convencido de ser más competente en todos los aspectos de la profesión. La verdad es que nadie es un experto en todo. Cuando todavía era nuevo en el trabajo, fui a discutir un par de cosas con él y se puso a gritarme. Jamás imaginé que un ejecutivo actuara de ese modo. Pero era el dueño de la compañía, y se puso a gritar y a insultarme, y me fui. Estaba muy sorprendido y pensé en renunciar, pero no me gusta darme por vencido. Pensé, "Acepté un compromiso y voy a cumplir con mi deber. Más adelante fundaré mi propia compañía." Y eso fue lo que hice. He madurado mucho desde entonces. Si estuviera en ese tipo de situación en estos momentos, no creo que me afectara demasiado. Pero tenía 28 años cuando ocurrió, y realmente me sacudió.

Mi consejo para los latinos es que recuerden que siempre estarán aquellos que querrán intimidarlos y dominarlos. Algunos lo harán con palabras, gritando o con gestos. Tienen que ser conscientes de ello y no permitir que les afecte.

Philip M. Ramos, Jr., es el presidente ejecutivo de Philatron International, Inc., en Santa Fe Springs, Estado de California, una compañía con ingresos de 15 millones de dólares al año que fabrica cables conductores de electricidad y mangueras para automóviles y camiones. Nació en Los Angeles en una familia de origen mexicano, prestó servicio en la marina, es licenciado en humanidades de East Los Angeles College y fundó Philatron con una inversión inicial de 168 dólares trabajando en su garage. Su empresa ha recibido premios por calidad y servicio de General Dynamics, ITT y Navistar.

Las puertas no se abren fácilmente. Tienes que empujarlas.

Richard Leza
Presidente
AI Research Corporation

APRENDÍ mucho con mi abuelo en Nuevo México. Un verano trabajamos en una hacienda, reparando cercos, arreando y marcando ganado. Nos levantábamos a las cuatro de la mañana y subíamos a una pequeña camioneta que nos llevaba hacia las montañas. Casi siempre iba en la camioneta con mi abuelo. Una madrugada mientras nos dirigíamos a las montañas, me dijo, "Déjame ver tus pulgares." Extendí mis pulgares, él los tomó con fuerza entre sus manos y me preguntó, "¿Qué vas a hacer?"

"Voy a tratar de escapar", le respondí. Hice fuerza para soltarme e intenté escapar, pero no lo conseguí. Cuanto más lo intentaba, más fuerza hacía mi abuelo hasta que finalmente me soltó.

Luego me dijo, "La lección de este juego es que en la vida hay veces en que te atacan por todos lados y no hay nada que puedas hacer. El problema es que mientras más luchas, mayor es la presión que sufres. Concéntrate en lo más importante y resuelve el problema evitando un conflicto. Si me miras a los ojos, pronto voy a pensar, 'No está luchando, no está haciendo nada', y te soltaré."

Tienes que ser persistente, pero aplica tu energía en la dirección a la que quieres dirigirte.

Hace un tiempo visité algunas firmas de capital riesgo para empresas, interesado en conseguir un empleo. "Tengo todos los requisitos que necesitan", les dije. "Tengo la experiencia y la educación." Fueron muy educados, y muy buenos en encontrar excusas para no darme un empleo. Esto ocurrió en 1981 y obviamente no se encontraban cómodos con un hispano, por lo que no iban a emplearme. No me importa que algunos digan que no tiene nada que ver. Tiene mucho que ver. No se sentían cómodos trabajando conmigo. Querían una persona del mismo medio, que luciera como ellos y con la misma mentalidad.

Podía haberme dado por vencido y quejarme, pero recordé lo que me enseñó mi abuelo sobre aplicar mi energía en la dirección en la cual quiero avanzar. Y decidí, "Si no puedo hacerlo en forma directa, intentaré otro camino. Veamos qué puedo hacer para entrar por otra puerta."

Ahí fue cuando comencé a trabajar con empresarios, encontrando capital para sus proyectos. Participé en acuerdos que no les interesaban a las otras empresas de capital riesgo. Pude entrar en el mundo de las finanzas por la "puerta trasera".

> *Es posible que discriminen en tu contra, pero si lloras y te quejas demasiado, terminas gastando tus energías en algo que no te ayudará a llegar a donde quieres en el futuro.*

Aprendí otra lección importante de mi madre. "Una puerta puede abrirse si aplicas la presión necesaria", me dijo una vez. "Es posible que quieran cerrarte el acceso, pero tarde o temprano, si continúas empujando se van a cansar y no tendrán más remedio que abrir la puerta. Continúa presionando, y tarde o temprano abrirán tu puerta."

Richard L. Leza es el presidente de AI Research Corporation en Mountain View, Estado de California, una firma de capital riesgo que invierte en nuevas compañías de alta tecnología. Nació en Laredo,

Estado de Texas, en el seno de una familia de origen mexicano, creció en Hatch, Estado de Nuevo México, y cursó estudios en East Los Angeles College, New Mexico State University (donde se licenció en ingeniería civil) y la Stanford Graduate School of Business, donde completó su *master's* en administración de empresas. Es autor de dos libros, *Develop Your Business Plan* y *Export Now*, y ha creado un plan de becas para estudiantes hispanos de la Stanford Graduate School of Business y otro para estudiantes hispanos de ingeniería en New Mexico State University.

CONFIDENCIALMENTE

Tenemos que concentrarnos en apoyar más a los latinos con acceso al poder y combatir menos a aquellos que han llegado a esos puestos.

Presidente ejecutivo de una compañía de servicios
profesionales de 40 años

EL peor día de mi vida fue cuando mi integridad y mis valores éticos fueron cuestionados por la comunidad latina. Ocupo un cargo en la Cámara Hispana de Comercio y algunas personas me acusaron de no tener interés en la comunidad. Me sentí muy ofendido. Luego pensé, ¿Será el latino que llevo adentro, será un exceso de orgullo? Finalmente me di cuenta que algunos podían envidiar mi posición dentro de la comunidad. Siempre están aquellos que se preocupan del jardín del vecino, en vez de cuidar el propio. Y ese tipo de mentalidad provoca celos.

Los celos son uno de los rasgos más desagradables que podemos poseer. Y cuando se ven dirigidos al ámbito personal, las bolas de nieve pueden convertirse en avalanchas y los rumores son peligrosos.

Decidí defenderme. Enfrenté a mis acusadores. Les dije, "Ésta es mi posición, esto es lo que pienso. Acepto cualquier tipo de comentario que quieran hacerme sobre los temas que les preocupan y cualquier cuestionamiento que quieran plantear." Fui completamente honesto. No hice nada malo. Les dije que estaba absolutamente comprometido con mi comunidad, y que si pensaban que estaba haciendo algo mal que me lo digan directamente, en lugar de circular rumores y cuestionar mi integridad. Me senté con ellos y dije, "Estoy dispuesto a discutir cualquier tema."

Los rumores y los celos probablemente son parte de la vida de cualquier comunidad. ¿Alguna vez escucharon la historia de las ranas mexicanas? Dos niños salen a pescar ranas. Cuando llega la hora del almuerzo tienen medio balde lleno de ranas. Uno de los niños dice, "No podemos ir a casa. Las ranas van a trepar al borde del balde y luego van a saltar y escaparse." Y su amigo le responde, "No te preocupes. Son ranas mexicanas. Cuando una de ellas comience a trepar hasta arriba, las otras la tomarán de las patas hasta que vuelva a caer al fondo."

Cuando un líder hispano comienza a ascender y recibe elogios y poder, algunos piensan, "Yo debería estar en su lugar." Hacen comentarios como, "Regresa a tu sitio, no eres nadie. Yo voy a escalar a la cima." No puedo hablar por otras culturas, pero sé que en la cultura mexicana existe esa sensación de envidia hacia aquellos que llegan al éxito. O quizás sea parte de la naturaleza humana que nos crea problemas cuando tenemos que lidiar con la envidia.

Tienes que ser optimista.

Luis Lamela
Presidente
CAC–United HealthCare Plans of Florida

ME crié en una familia de eternos optimistas. Llegamos a este país con las manos vacías. Vivíamos en una choza sobre un garage. Bromeábamos con mi madre, diciéndole lo bien que nos iba. "Eres muy afortunada", le dijimos. "Hay personas que tienen que limpiar casas de tres dormitorios. ¡Aquí lo único que tienes que hacer es encender un ventilador y con eso basta para quitar el polvo!" Siempre adoptamos una actitud muy positiva, a pesar de cualquier circunstancia. Por ejemplo, nos encantaba el béisbol. No teníamos dinero para comprar entradas, y durante el descanso de la séptima entrada cuando abrían las puertas al público toda la familia se aparecía en el estadio rezando para que el partido requiera jugar más de nueve entradas.

Asistíamos a las exposiciones de autos o botes, posábamos junto a los coches o yates más flamantes y enviábamos las fotos a nuestros familiares y amigos en nuestro país diciendo, "Todo va muy bien en Estados Unidos." Ni siquiera se imaginaban que vivíamos en una choza.

Siempre le decía a mi madre que la situación iba a mejorar. Caminábamos juntos por la calle, veíamos un auto hermoso y le decía, "Un día podremos tener uno así, mamá." Y a medida que esos sueños se fueron haciendo realidad, con muchísimo trabajo y aún más optimismo, con el tiempo llegamos a donde queríamos estar.

Nunca empleo a los pesimistas.

Lionel Sosa
Director Ejecutivo
DMB&B/Américas
Fundador, Sosa, Bromley, Aguilar, Noble & Associates

CUANDO alguien viene a mi oficina a quejarse sobre el trabajo que tenían anteriormente y lo mal que los ha tratado la vida, los acompaño inmediatamente hasta la salida, porque esas personas tienden a pensar que el mundo les ha hecho algo malo a ellos exclusivamente.

Quiero tener empleados que sean naturalmente optimistas, que espontáneamente vean el lado positivo de las cosas. Empleo a personas con sentido del humor. Si las personas son pesimistas, ni siquiera quiero estar cerca de ellos. Si tienen sentido del humor y son optimistas, los quiero alrededor mío.

CONFIDENCIALMENTE

A veces el rechazo puede ser una gran ayuda en tu carrera.

Ejecutivo bancario de 44 años

HACE unos años, mientras trabajaba en uno de los grandes bancos en California, fui considerado como candidato para una promoción. El fin de semana antes de mi entrevista con el departamento de recursos humanos fui a esquiar en el Squaw Valley. Nos tocaron unos días muy soleados y regresé bien bronceado.

Tuve la entrevista y me pareció que les caí muy bien en el departamento de recursos humanos. Sin embargo no me dieron la promoción. El departamento de recursos humanos decidió que "el candidato es muy bueno, pero no estamos completamente seguros de que sea el tipo de persona a quien la gente quiera acercarse a pedir un préstamo". Me consideraron como "de tez demasiada oscura o de aspecto demasiado latino" para ser un gerente de banco "creíble".

Claro que hoy en día ese tipo de comentario no se expresa, pero eso ocurrió hace treinta años. Y me enteré de esos comentarios tres años después. De mientras ya me había transferido a otro departamento. Y resultó ser la mejor opción para mi carrera. Comencé a trabajar en los primeros intentos de automatización cuando las computadoras en la industria bancaria todavía eran una novedad. Y las oportunidades que me ofrecía ese campo eran mucho más numerosas que las que tenía en el otro departamento.

El control es una ilusión.

Jose Rivero
Presidente
Praxair Canada

HAY gente que siempre intenta tomar el control —de lo que ocurre en el presente y lo que podrá ocurrir en el futuro. Nadie puede tener el control completo de una situación. Hacemos lo mejor que podemos y por lo general esperamos que las acciones que tomamos sean las correctas y que estén dirigidas en la dirección requerida. Pero convencerse a uno mismo de que tenemos control sobre todo lo que puede ocurrir es un error muy grave.

Recientemente tuve el placer de escuchar a Colin Powell, ex-jefe del Estado Mayor Conjunto de Estados Unidos, durante una conferencia en Orlando. Me impresionó mucho. Habló de lo que busca en la gente—la integridad y la lealtad, pero aún más importante, lo que llamó "la habilidad de tomar una curva". Dijo que cuando toma una curva a gran velocidad, quiere estar seguro de que esa persona todavía le sigue.

Los eventos que uno predice que ocurrirán, pueden no ocurrir, y lo más probable es que no ocurran. Tu habilidad para darte cuenta de que no van a ocurrir y adaptarte, tomar esa curva a gran velocidad, es la clave del éxito en el mundo de los negocios hoy en día.

En la actualidad las situaciónes cambian a gran velocidad en el mundo de los negocios. Toma la dirección que creas la más correcta, pero mantente en busca de oportunidades y trata de estar atento a los errores que puedas cometer. Y luego toma la curva para cambiar de dirección. Y hazlo con rapidez.

Jose Rivero es el vicepresidente de Praxair, Inc., y el presidente de Praxair Canada, una compañía subsidiaria de propiedad privada. Praxair Inc. es el mayor proveedor de gases industriales en América del Norte y Sudamérica. Rivero tiene una licenciatura en ingeniería aeroespacial y un *master's* en ingeniería, ambos de la University of Florida.

=====

CONFIDENCIALMENTE

Los latinos no pueden exigir un trato especial, pero tampoco podemos permitir que nos traten como si todos fuéramos idénticos.

Ejecutivo de una compañía de telecomunicaciones de 31 años

CUANDO comencé mi carrera en 1978, todavía se notaba un interés por la causa de los derechos civiles de las minorías como ocurrió durante las décadas de los 60 y los 70. Creía en la importancia de identificarse como latino o como miembro de otra minoría étnica, y que habría oportunidades disponibles por ese motivo. En realidad, encontré que nada de eso era cierto.

Puedes poner un pie en el umbral por ser parte de una minoría, pero no creo que te ofrezca ventajas importantes cuando se trata de ser considerado para una promoción. También tienes que encontrar la forma de encajar dentro de la organización, y tienes que obtener resultados.

No puedes asumir que por el simple hecho de ser latino vas a recibir un trato especial. Es posible que te den una primera oportunidad, pero luego tienes que demostrar tu capacidad. Todavía noto una tremenda falta de conocimiento respecto a los latinos. La gente asume que las personas con apellidos españoles son todas iguales. De hecho, el patrimonio cultural de alguien nacido en Chile es sustancialmente diferente al mío. Y existen diferencias culturales significativas entre los latinos, dependiendo del lugar donde nacieron y crecieron. No digo que sean buenos o malos, sólo que son diferentes.

Vive el momento, pero darle oportunidad a que el tiempo pase.

Tony Bustamante
Vicepresidente Ejecutivo y Corredor Jefe
HSBC Markets
División de Midland Bank p.l.c.

TIENES que sacar provecho del momento. Tienes que vivir el momento.

Cuando era joven aprendí que, en lugar de gastar dinero para poner suelas nuevas cuando tenías un agujero en el zapato, podías tomar la tapa de una lata de leche condensada, golpear el borde para que no te cortara y colocarla entre las capas de cuero para que no entrara el agua. Viví esos años como si fueran una aventura. Nunca me preocupé de poder pagar el alquiler a fin de mes. Sabía que tenía que pagarlo y hacía todo lo posible para juntar el dinero. Sabía que con el tiempo, y mucho trabajo, podría superar todos los obstáculos.

Cuando comencé mi carrera, era un asistente de menor rango trabajando en la sala de transacciones bursátiles del Bank of New York y conocí a un caballero que me preguntó,

"¿Manejas bien los números?" Y le respondí, "Soy el mejor que hay con los números."

"Bien, ¿por qué no vienes a trabajar conmigo en el departamento de divisa extranjera?", me dijo. "Si puedes aprender el oficio, te irá muy bien porque es un campo que ofrece grandes oportunidades." Acepté su palabra. El caballero en cuestión era el director del departamento de moneda extranjera. Ahora ocupo yo ese cargo. Él me enseñó el oficio. Y estoy en el mismo banco desde 1972.

> *Tienes que captar el momento y sacar ventaja de la situación, de una oportunidad, si te la ofrecen. Y sobre todo, si lo intentas con más intensidad que la persona a tu lado, en este país podrás llegar al éxito.*

Pero también debes tener paciencia. A veces la gente exige demasiado de su propio desempeño o de la compañía para la cual trabajan. Entiendo que la paciencia tiene un límite, pero lleva tiempo demostrar tus habilidades.

Tony Bustamante es vicepresidente ejecutivo y corredor jefe con HSBC Markets, una división de Midland Bank plc en la ciudad de Nueva York. Creció en Cuba, Miami y Nueva York y comenzó su carrera en el Bank of New York como aprendiz. Con frecuencia da conferencias sobre el mercado de divisas y finanzas internacionales.

CONFIDENCIALMENTE

Tu familia debe ser más importante que tu carrera.

Ejecutivo de *marketing* de una
empresa de productos de
consumo de 40 años

Mɪ esposa viene de una familia anglosajona protestante. Ve a su padre muy poco y sólo se saludan estrechando las manos. Cuando veo a mi suegra después del mismo intervalo, le doy un beso y un abrazo. Veo a mis padres con mucho más frecuencia y mi esposa me comenta, "Ustedes se besan y abrazan como si hiciera 20 años desde que se vieron por última vez."

Le digo que somos así. Para mí la familia es muy importante. Es lo que me motiva. No sólo trabajo por el dinero.

Tienes que hablar con tu cónyuge sobre lo que más les importa a ambos. *He visto a muchos colegas que trabajaron muy duro para avanzar su carrera a niveles que jamás habían imaginado. Pero en el proceso les hicieron mucho daño a su salud y a su matrimonio. Al final conquistaron el éxito en sus carreras, pero no tenían con quien compartirlo.*

Mi madrina tiene 80 años y todavía trabaja en la granja de mi familia. Cada vez que la voy a visitar me dice, Al infierno con tu título, ¿estás disfrutando de la vida?

Ella sabe ir directamente al grano. "No te olvides de lo importante en la vida", me dice. "Trabajas demasiado, viajas mucho y no tienes tiempo para ver a la gente que quieres— y todos vamos a terminar en la misma caja, ya seas vicepresidente o no."

> *Si lo único que te interesa en la vida es un título o llegar a tener un salario importante, te sentirás desilusionado aunque lo obtengas. Si careces de las otras cosas importantes en la vida, te sentirás vacío. En este mundo no existe ninguna compañía que te dé las mismas satisfacciones que te puede otorgar una familia.*

Uno de mis colegas de poco más de 40 años fue despedido de la presidencia de una de las empresas. Quedó destrozado porque se había dedicado por entero a su carrera y no le quedaba otra cosa. Su autoestima dependía de su título y de lo que hacía en su trabajo, del que disfrutaba. Pero si tu felicidad depende de un solo factor estás aceptando un riesgo muy grande. El *equilibrio* es muy importante.

Soy consciente del de la presión que mi ritmo de viaje impone en mi matrimonio. Y llega un punto en el que debo poner un límite. Tengo accionistas en quien pensar, y esos accionistas son mi esposa, yo mismo y mi salud.

Mi familia ha sido muy importante para mí desde el primer momento. Lo atribuyo a mi cultura. Una vez rechacé una oferta que me hubiera hecho el jefe de mi compañía porque requería mudarnos a otra ciudad, algo para lo cual mi esposa y yo no estábamos preparados. Le comenté a uno de mis colegas más cercanos en la compañía que, "si el jefe se pone muy exigente sobre este tema, estoy dispuesto a perder mi trabajo". Sabía lo importante que era mi carrera para mí, pero no pensaba sacrificar a mi matrimonio. No iba a perjudicar lo que más quiero en la vida.

Cuando rechacé el trabajo fue un momento emocionalmente cargado para mí. Pensaba que quizás me hiciera mucho daño. Pero no me sentía culpable porque estaba haciendo lo correcto para proteger a lo más importante—mi familia.

El jefe escuchó mi argumento y me dijo, "Eres una persona muy sensata con las prioridades correctas. No se trata de una decisión que acabará con tu carrera. Tienes un buen conocimiento y experiencia en una variedad de situaciones. Te irá muy bien a largo plazo. No te faltarán otras oportunidades."

Regresé a casa esa noche sintiéndome muy bien con mi conciencia. Muchos habrían tenido miedo de mantener una conversación de ese tipo con sus superiores. Podrían pensar que serían despedidos si no aceptaban la oferta, y que debían hacerlo por sus carreras. Yo tomé la decisión correcta. De no ser así lo hubiera lamentado por el resto de mi vida.

No sólo el trabajo intenso te hará más efectivo; también es importante mantener el equilibrio en tu vida.

Enrique Guardia
Vicepresidente de Grupo
Kraft General Foods USA

ME enviaron a Bruselas a cargo de investigación y desarrollo para toda Europa en un momento difícil para la empresa. Todos trabajábamos muy duro. Estaba tan concentrado en mi trabajo que probablemente abandoné a mi familia. Luego mi esposa se enfermó gravemente y de repente vi la situación desde una perspectiva muy distinta. Los problemas de la empresa no eran el fin del mundo. La enfermedad de mi esposa podía haber sido el fin del mundo.

Una enfermedad en la familia nunca es agradable, pero cuando estás en el extranjero la situación se complica mucho más. Fui a ver a mi jefe y le dije, "Mi esposa está enferma y tengo que suspender los viajes." Pensé que iba a despedirme. No lo hizo.

Por momentos perdemos el equilibrio en nuestras vidas. Yo daba a mi familia por sentada. La lección más profunda que aprendí, y espero que nadie tenga que aprenderla como yo, es que el balance que debemos crear entre el trabajo y el resto de nuestras vidas es muy importante. Si sacrificas a tu familia por el trabajo andas en el camino equivocado. No siempre es fácil mantener el equilibrio en trabajos que exigen cada vez más. Pero tienes que escuchar la voz de tu conciencia y escuchar a tu familia. Una vez llegué a casa y mi hijo me dijo, "Gané un partido de ping-pong en la escuela. Fui el mejor de la clase y tú no estabas ahí para verlo." Ese comentario me afectó profundamente.

En muchos hogares hispanos no sólo estás a cargo de tu cónyuge y tus hijos, también debes ocuparte de tus padres. Cuando la vida se complica muchos intentan hacerse los héroes y continúan aceptando las demandas que impone el trabajo por temor a perder su empleo. También en esos casos es importante mantener un equilibrio. Y no temas pedir ayuda.

═══════════════

Si el destino que escoge tu compañía para ti depende de quién eres, ha llegado el momento de dejar ese empleo.

Adela Cepeda
Fundadora y Presidente
AC Advisory

Casi dos años antes de que dejara el gran banco inversionista en el que trabajaba, ocurrió un incidente que confirmó mi decisión de cambiar de empleo. Trabajaba en un proyecto muy complejo. Una compañía de Michigan estaba llevando a cabo una gran reorganización y estábamos trabajando en algunos asuntos impositivos. Me convertí en la experta del proyecto. La compañía llevó a cabo la reorganización y terminó vendiendo una de sus divisiones. Busqué interesados en comprarla por todo el mundo. Finalmente encontré una empresa interesada en Inglaterra, y el director ejecutivo de la compañía en Michigan iba a viajar a Inglaterra para una reunión con el comprador potencial. Suponí que me enviarían a la reunión ya que conocía tan bien la operación. Pero a medida que se acercaba la fecha, mi jefe me dijo, "Tú no podrás ir. Tenemos que enviar a Joe del departamento de adquisiciones y fusiones." "¿A quién piensas enviar?", le dije. "Tiene 25 años. Apenas conoce los detalles de la transacción." "El director ejecutivo no se va a sentir cómodo viajando contigo", respondió mi jefe. "¿Qué quieres decir?", le pregunté. "No creo que resulte", fue la respuesta de mi jefe.

Me sentí horrible. Y de repente me di cuenta que las cosas que le molestaban a mi cliente eran cosas que no podía cambiar—mi origen étnico y mi sexo. Estaba furiosa por todo el trabajo que había realizado para ese cliente. Fue una experiencia muy dolorosa, y en realidad la primera vez que me sentí discriminada. Hay gente que habla de apoyar a las minorías étnicas y a las mujeres en los cargos de gerencia, pero no son capaces de respaldar las palabras con acciones.

Cuando dejé el banco en 1991 y fundé mi empresa, me sentí muy liberada porque la compañía es propiedad de una mujer y está controlado por un miembro de una minoría étnica. Quizás no pueda cambiar las cosas que parecen incomodar a los demás, pero sí puedo cambiar de empleo.

Si realmente quieres superar las barreras invisibles, debes fundar tu propia compañía.

Maria Elena Toraño
Fundadora, Presidente del Directorio y
Presidente Ejecutiva
META, Inc.

ENFRENTÉ una "doble barrera" en el mundo de los negocios. Soy miembro de dos minorías—soy una mujer y soy hispana. ¿Cómo puedes superar los obstáculos? Te pasas la vida construyendo caminos, o colocando una piedra detrás de la otra. Cada piedra que agregas es más conocimiento, talento y experiencia. Puedes pasar por etapas en las cuales lo único que haces es trabajar duramente. Pero si continúas colocando esas piedras de conocimiento, talento y experiencia, una sobre la otra, de repente se convierten en caminos y puedes avanzar rápidamente. En la vida hay que pagar un "derecho de piso". Y cuando la oportunidad se presenta para una promoción, un mejor empleo o la oportunidad de fundar tu propia compañía, estarás muy bien preparada para superar la prueba y reunir el apoyo que necesitas para llegar al éxito.

Maria Elena Toraño es la fundadora, presidente del directorio y presidente ejecutiva de META, Inc., una firma consultora basada en Miami y Washington, D.C. Nació en La Habana y obtuvo una licenciatura de la Universidad de La Habana. Comenzó a trabajar en el departamento de correos de la Aetna Life Insurance Company en Miami y ocupó cargos gerenciales en Eastern Airlines en Miami y Puerto Rico. También fue profesora de enseñanza secundaria, supervisora del programa de asistencia social y administradora de un hospital. En 1979 fundó META, una compañía cuyas ventas en estos momentos superan los 200 millones de dólares y que cuenta con 300 empleados. Es la fundadora del National Hispanic Leadership Institute.

CONFIDENCIALMENTE

La discriminación ocurre en el resto del mundo, no sólo en Estados Unidos. Aprende a superarla. Trata de mirarla de un punto de vista más práctico.

Ejecutivo de un medio de comunicación de 40 años

UNA de las cosas que más daño nos hace a los latinos es el concepto de que somos ciudadanos de segunda clase.

Llegué a Estados Unidos con un cierto grado de educación, comprensión y conocimiento general, pero por no hablar el idioma, en muchos casos me sentí—no me atrevo a decir discriminado—pero que no era visto como quién era realmente y por lo que era capaz de hacer. Pero llegué a darme cuenta que hay un cierto grado de discriminación en todas partes. La gente va a discriminar contra otros no sólo por sus orígenes; también lo harán por la religión, el color de la piel o cualquier otra cosa. Ocurre siempre, en todos los sitios.

La discriminación existe, y hay personas que prefieren pensar en eso exclusivamente y permiten que los pensamientos negativos los afecten. Si no encuentran el éxito es porque sufrieron discriminación. Pero yo escogí tratar con la discriminación en la forma más pragmática posible.

Hace unos años, fui a ver un apartamento con unos amigos en Newark, en Nueva Jersey. Tocamos el timbre y la señora que se acercó a abrirnos la puerta, nos miró y dijo, "Lo siento, pero no alquilo el apartamento a hispanos." Eso ocurrió en 1964. Nos sentimos muy insultados y nos fuimos. No sabíamos que disponíamos de un recurso legal para defendernos. Pero tampoco me dediqué a pensar en esa experiencia exclusivamente. Y con el tiempo encontramos un apartamento mucho mejor.

Un sicólogo es como un dentista pero con un propósito diferente. Los latinos tenemos que entenderlo.

Jim Saavedra
Vicepresidente de Mayoria
Union Bank

UNA vez trabajé para una persona que había sido mi empleado. Noté un problema de orgullo inmediatamente. Y francamente, fue un paso atrás en mi carrera, lo que agregaba una carga emocional a la situación. Sufrí un ataque de ansiedad a las tres semanas de empezar a trabajar y no sabía qué me pasaba. Fui a hablar con un consejero, un terapeuta. Y mientras hablaba con él de repente se me ocurrió que había pensado en la posibilidad de haber fracasado en un paso que ya creía superado. Ésa era la causa de mi ansiedad.

El papel principal de un terapeuta es convertirse en un espejo de gran tamaño para ayudarte a ver lo que no puedes ver a pesar de que está frente a tus ojos. Sabes que algo está pasando, pero no puedes definirlo. Todos necesitamos ayuda en algún momento. Visitar a un terapeuta es como ir a ver al dentista cuando te duele un diente. El solo hecho de entender lo que me pasaba y qué era lo que me aterraba fue algo muy liberador. Pero a muchos latinos les cuesta buscar ese tipo de ayuda. Estoy muy agradecido a mi esposa por apoyarme en ese sentido.

No se trata de algo que sea típicamente latino. Creo que muchos miembros de las minorías étnicas no se sienten cómodos pidiendo ayuda. La primera idea en la que te concentras es el hecho de ser diferente. Y si te concentras demasiado en ser diferente, es muy difícil poder ver que en realidad no lo eres. Muchas de las situaciones por las que pasamos son perfectamente normales. Pero tenemos miedo de que otros las vean. Y porque tenemos miedo de que otros las vean, nunca podremos superarlas.

No temas decir, "Eso no es lo mío."

Emilio Alvarez-Recio
Vicepresidente, Publicidad Global
Colgate-Palmolive Company

No pierdas un segundo de tu vida persiguiendo algo que encuentras doloroso excepto por el dolor causado por el trabajo intenso. Si estás haciendo algo que no te gusta, no lo harás muy bien, y vas a ser muy infeliz por el resto de tu vida.

═══════════════

No recuerdo pensar que alguien se sintiera incómodo conmigo por ser hispano o por el color más oscuro de mi piel. Siempre pensé que se debía al hecho de que era de baja estatura y feo.

Andy Plata
Fundador y Presidente Ejecutivo
COPI—Computer Output Printing, Inc.

CRECÍ en San Antonio, en el Estado de Texas. Mi madre estaba decidida a darme una buena educación para asegurarse de que llegara a ser alguien importante en la vida. Fue algo que me quedó grabado antes de que me diera cuenta. Cuando los otros niños se dormían escuchando canciones de cuna, mi madre cantaba, "Irás a la universidad, irás a la universidad". . . Antes de tomar conciencia de mi caso, mi madre había creado esa expectativa en mi mente.

Fui a lo que llamaban una escuela de dos puertas. Una era para los no anglosajones, en su mayoría chicanos, y la otra era para los anglosajones, en su mayoría de clase media alta. Hice amistad con los elementos menos aconsejables y terminé en una pandilla. No era como las pandillas de hoy en día, pero tampoco era una situación ideal. Algunos de mis amigos terminaron heridos, golpeados, cosas así; fue una etapa muy intensa. Pero también rescaté experiencias muy positivas de mi vida en la pandilla. Aprendí a organizar a un grupo de personas y distribuir los recursos que tenía a mi disposición. Ese mismo talento me ayudó a triunfar más adelante en situaciones que encontré en el mundo de los negocios.

Después de graduarme fui a California con un amigo. Éramos los líderes de la pandilla. Queríamos ingresar a los Hell's Angels y por eso pasábamos todo el tiempo en Sunset Strip. Finalmente llegaron los Hell's Angels. Ni siquiera se dignaron a dirigirnos la palabra. Como pueden ver, fui rechazado por los Hell's Angels. En realidad no me hicieron caso, ¡lo cual es peor que un rechazo! Probablemente ésa fue mi primera experiencia en cuanto a la discriminación. Los Hell's Angels nos discriminaron porque o no éramos lo suficientemente sucios o no teníamos el color adecuado. Cualquiera sea la razón, nos descalificaron.

Mis padres nunca me dieron mucha información sobre la discriminación. Supuse que la gente me discriminaba porque era una persona diferente, por mi aspecto y la forma en que vestía. Si hoy en día alguien se aparece en mi casa con el mismo aspecto que yo tenía en ese entonces, serán discriminados sin importar su color o religión.

Por eso no crecí preocupándome por identificar quienes iban a discriminarme. En realidad nunca encontré mucha discriminación. Pero sí sé que después de fundar mi propia empresa, la discriminación afectó la forma en que la administramos.

Una vez llamó un cliente y nos dijo, "Tienen que asignarme otra persona." Le pregunté por qué y respondió, "Es que no me gusta tratar con mujeres."

"Bien", dije. "Déjeme pensarlo y le volveré a llamar." Lo llamé más tarde y le dije, "Éste es el problema. Si asigno otro empleado para trabajar con usted, el problema es que va a ser negro o mexicano como yo. Una de las cosas que me gustaría hacer es ayudarlo a encontrar la forma de juzgar a la persona con la que está tratando por su capacidad." No le gustó mi respuesta. Dejó de ser nuestro cliente y comenzó a trabajar con la competencia. Ocho meses más tarde se declaró en bancarrota y nunca le pagó una gran deuda a nuestro competidor.

Uno de los obstáculos de la cultura latina es el concepto del machismo. Es algo que tenemos que dejar atrás. En estos momentos, la mayoría de las actividades de COPI se llevan a cabo formando alianzas estratégicas con otras compañías, y paso gran parte de mi tiempo intentando que las otras compañías puedan olvidar esa actitud machista. Por ejemplo, somos propietarios de una empresa que se encarga del servicio de mantenimiento de impresoras en todo el país, y una vez recibí un llamado de un cliente que dijo, "Esto es terrible. Ustedes no están cumpliendo con sus obligaciones." Hice viajar a varios empleados para solucionar el problema. Luego me senté con mi gente para evaluar la situación. "¿Por qué no me informaron de ese problema?", le pregunté al supervisor. "Y en segundo lugar, ¿por qué no pediste ayuda?" Ésa es la actitud machista a la que me refiero. Todos los empleados de todos los niveles se negaron a admitir que tenían un problema más grande de lo que pensaban o podían solucionar. No querían tomar el riesgo de que alguien pensara que no sabían todas las respuestas.

Si nos dedicamos a contarle a la gente que tenemos todas las respuestas, nadie se siente invitado a ayudarnos. El orgullo es algo positivo. Pero el orgullo excesivo y destructivo es lo que nos impide alcanzar nuestro máximo potencial. Tenemos que ser más abiertos, más vulnerables. La vulnerabilidad nos permite superar el orgullo destructivo.

La Biblia dice que los humildes heredarán la tierra. Nunca pude entender el significado de esa frase porque creía que los humildes eran las personas que se pasaban el día sin hacer nada. Luego comprendí que lo que quería decir era que las personas de éxito son aquéllas que son lo suficientemente humildes como para aceptar que son vulnerables. Esa vulnerabilidad les permite escuchar consejos de otros, mejorar y tener éxito.

No olvides de realizar algún tipo de ejercicio espiritual.

Phil Ramos
Presidente Ejecutivo
Philatron International, Inc.

ME gusta competir en torneos de tenis, y trato de mantenerme en buen estado físico, pero también me interesan los ejercicios espirituales. Comienzo el día leyendo dos capítulos de la Biblia. Creo que este ejercicio espiritual me da la fuerza necesaria para superar la adversidad. Ya no me siento tan desesperado. Si me encuentro en una situación crítica, nunca pierdo la confianza porque llevo ese espíritu conmigo. Soy católico y me siento muy cerca de Jesús. Siento que estoy haciendo lo correcto. Y soy honesto.

Les recomiendo a los jóvenes latinos que no olviden esos ejercicios espirituales, como leer la Biblia y rezar. Aprendo mucho leyendo la Biblia. Tanto el Antiguo como el Nuevo Testamento te enseñan a tratar con el prójimo. Y eso es una gran ayuda en mi trabajo. Con frecuencia pienso que Jesús hubiera sido un gran gerente de empresa. Nos dio un ejemplo de conducta, era honesto y nos enseñó mucho. Nos mostró el camino correcto y nos dio consejos. Era exigente. Y esperaba buenas cosas de la gente.

Debemos prestar servicio como si estuviéramos en un ejército de buenos ejemplos.

Carlos H. Cantu
Presidente y Presidente Ejecutivo
The ServiceMaster Company

TU éxito dependerá en gran medida de tus logros personales, la confianza que sientes en ti mismo y tu desarrollo espiritual. Como latinos, debemos prestar un servicio al ejército de mentores para aquellos miembros de nuestra comunidad que están estancados en un círculo vicioso de pobreza y fracasos.

> *Tenemos la obligación fundamental de ayudarnos, ya que si bien algunos progresan más rápido que otros, nuestro gran objetivo es lograr que todos podamos progresar juntos, respetando nuestra individualidad al mismo tiempo.*

Debemos estar en guardia frente a esos grupos y organizaciones que intentan aislarnos, creyendo equivocadamente que nuestras raíces y nuestra cultura sólo pueden sobrevivir en completo aislamiento. No alcanza con pedir nuestra "rodaja del pastel". Es mucho más importante exigir los compromisos que y asumir las responsabilidades que nos corresponden.

Carlos H. Cantu es el presidente y presidente ejecutivo de The Service-Master Company en Downer's Grove, Estado de Illinois, una empresa con un capital de 2.500 millones de dólares especializada en pesticidas, el cuidado de gramillas y servicios de colocación para hospitales. Nació en el seno de una familia de granjeros en México, comenzó su carrera en una empresa de productos agrícolas y emigró con su familia a Brownsville, Estado de Texas. En 1970 ingresó a Terminix y en ocho años llegó a la presidencia de la compañía. Después de la compra de Terminix por parte de ServiceMaster en 1986, ascendió dentro de la nueva organización hasta llegar a la presidencia de ServiceMaster.

Es muy importante que insistamos en la educación para los latinos.

Marcos Avila
Presidente
Cristina Saralegui Enterprises

TENEMOS un problema de gran envergadura con la educación. Tantos de nuestros jóvenes abandonan los estudios secundarios, multiplicando las posibilidades de fracasar. Muchos de los jóvenes creciendo en nuestros barrios carecen de expectativas para el futuro. ¿Y qué clase de expectativas pueden tener? Se espera que los jóvenes terminen mal, que las chicas queden embarazadas a los 14 años. Es un círculo vicioso infernal. Los latinos de éxito tienen que participar en la comunidad y tratar de ayudar a estos jóvenes.

La compañía Montgomery Ward quería contratar a Cristina Saralegui como portavoz, y les preguntamos, "¿Qué hacen ustedes por los hispanos? ¿Hacen algo por los clientes que les reportan beneficios?" Como resultado, crearon un Fondo de Becas para Hispanos.

Tienes que saber dar para recibir.

Gary Trujillo
Presidente y Presidente Ejecutivo
The Southwest Harvard Group Companies

NADIE "esperaba" que yo llegara al éxito.

Me crié en un barrio al sur de Phoenix, una zona muy pobre de la ciudad. Crecí con música de mariachis y comida mexicana. Mis padres vivían en una casa que compraron hacía treinta y cinco años con una hipoteca de 6.000 dólares.

Después de graduarme de la universidad, trabajé en Wall Street durante varios años y luego estudié en la Harvard Business School. En el verano de 1990 llamé a mi mejor amigo Jesús Valenzuela que en ese momento era el director ejecutivo de finanzas más joven en la historia de Gerber Foods International. Nos conocimos en Arizona State University. Le dije, "¿Recuerdas nuestro sueño en la universidad de fundar una empresa? Bien, estoy dispuesto a hacerlo, y quiero hacerlo contigo."

Compramos una pequeña empresa de bienes raíces en Phoenix. Era propiedad de otro mexicano, y la convertimos de una compañía con un capital de 200.000 dólares en el primer año, en una compañía con un capital de un millón de dólares. Nos costó 50.000 dólares. Jess puso la mitad y yo la otra. Y en ese momento todavía le debía 80.000 dólares a la Harvard Business School.

Recuerdo el día que compramos la compañía. Firmamos todos los documentos un domingo. Creíamos que estábamos destinados a hacerlo y que nos guiaba una fuerza poderosa. Fuimos todos a misa ese domingo, y después del servicio religioso le pedimos al cura que nos bendiga y que bendiga al contrato antes de firmarlo.

Pasamos de tener cinco empleados en 1990 a más de 400 en la actualidad. Nos costó mucho trabajo, pero nuestro éxito se debe en gran parte a saber respetar y apreciar a los demás. En el mundo de los negocios nunca faltan oportunidades para aprovecharse de la gente, y nosotros siempre mantuvimos nuestro compromiso de tratar a todo el mundo en buena fe.

Mi objetivo es poder crear un nivel de ingreso constante para mantener un buen nivel de vida, pero lo más importante es que también me permita contribuir a la comunidad de donde provengo. Algo que aprendí es la importancia de ayudar a los demás. Soy un mentor para un gran grupo de jóvenes. Lo hago porque cuando era joven, había muchas personas que me tomaron bajo su cargo. Y trato de hacer lo mismo porque la felicidad más grande que te da la vida es cuando puedes ofrecer algo de ti mismo.

Gary Trujillo es el presidente y presidente ejecutivo de la Southwestern Harvard Group Companies en Phoenix, Estado de Arizona, una compañía que gestiona bienes e inversiones. Nació y creció en Phoenix, se graduó de Arizona State University y pasó seis años trabajando en Wall Street realizando ventas y transacciones además de trabajar en finanzas públicas para Solomon Brothers. Posteriormente obtuvo un *master's* en administración de empresas de la Harvard Business School. Uno de los trabajos que realizó durante sus estudios en Harvard se convirtió en el plan de negocios para la compañía que fundó en 1990 con su socio Jesús Valenzuela.

LAS 100 MEJORES COMPAÑÍAS PARA LOS LATINOS

La lista de las 100 mejores compañías en Estados Unidos en cuanto a las oportunidades de empleo y desarrollo de una carrera que ofrecen a los latinos, se publica en cooperación con la revista *Hispanic*, que realizó una encuesta nacional entre varios cientos de grandes empresas.

Se evaluaron cuatro áreas: 1. reclutamiento y contratación; 2. educación; 3. programas de ventas para minorías étnicas; 4. apoyo a las organizaciones hispanas. El análisis fue tanto cualitativo como cuantitativo. Por ejemplo, una empresa con pocos hispanos en la administración puede tener, de todas maneras, un programa importante de vendedores para minorías étnicas. También se consideraron los objetivos que una compañía pretende lograr, además de lo que ya se logró. El hecho de que hay que aprender a caminar antes de correr es más evidente en el mundo empresarial estadounidense que en cualquier otra parte.

La decisión de limitar la lista a las 100 mejores compañías ciertamente provocó decepciones. Algunos ejecutivos iracundos llamaron para quejarse cuando sus empresas fueron excluidas. En cada caso, la decisión se tomó en forma diferente. Muchas empresas formidables en muchos aspectos continuan demostrando un punto débil en lo que respecta a la comunidad hispana. Si bien muchas compañías se jactan de su apoyo a las minorías étnicas, una imagen muy diferente queda en evidencia cuando haces unas pocas preguntas concretas. Por ejemplo, ¿cuántos hispanos forman parte de la junta de directores? ¿Cuántos hispanos ocupan los cargos más altos en la administración? Hay una cantidad de compañías que se enorgullecen merecidamente de su apoyo a la comunidad afroamericana, aunque olvidan el gran número de hispanos que también entran al mercado laboral. Pero nos enorgullece incluir la lista de la revista *Hispanic* de "Las 100 empresas que ofrecen las mejores oportunidades para los latinos", y queremos expresar nuestra especial gratitud a Andres Cordero por su elogiable esfuerzo para recopilar este informe.

AFLAC
1932 Wynnton Road
Columbus, GA 31999
706-323-3431

Allstate
2775 Sanders Road
Northbrook, IL 60062-6127
708-402-5000

American Airlines
Dallas/Fort Worth Airport
TX 75261-9616
817-963-1234

American Express
200 Vesey Street
New York, NY 10285
212-640-2000

Ameritech
30 South Wacker
Chicago, IL 60606
312-727-9411

Anheuser-Busch
One Busch Place
St. Louis, MO 63118
314-577-2000

Apple Computer
One Infinite Loop
Cupertino, CA 95014
408-996-1010

ARCO
515 South Flower Street
Los Angeles, CA 90071
213-486-3511

AT&T
32 Avenue of the Americas
New York, NY 10013-2412
201-387-5400

Avon
9 West 57th Street
New York, NY 10019
212-546-6015

Bank of America
Bank of America Center
555 California Street
San Francisco, CA 94104
415-622-3456

Bank One
100 E. Broad Street
Columbus, OH 43271
614-248-5944

Baxter Healthcare
One Baxter Parkway
Deerfield, IL 60015
708-948-2000

BellSouth
1155 Peachtree Street, NE
Atlanta, GA 30309-3610
404-249-2000

Boeing
P. O. Box 3707
Seattle, WA 98124-2207
206-655-2121

Borden
180 East Broad Street
Columbus, OH 43215-3799
614-225-4000

Bristol-Myers Squibb
345 Park Avenue
New York, NY 10154-0037
212-546-4000

Chase Manhattan
One Chase Manhattan Plaza
New York, NY 10081-0001
212-552-2222

Chevron Corporation
575 Market Street
San Francisco, CA 94105
415-894-7700

Chrysler Corporation
800 Chrysler Drive East
Auburn Hills, MI 48326
313-956-5741

Chubb
15 Mountain View Road
Warren, NJ 07059
908-903-2000

Citibank
399 Park Avenue
New York, NY 10043
212-559-1000

Coca-Cola
One Coca-Cola Plaza
Atlanta, GA 30301
404-676-2121

Colgate-Palmolive
300 Park Avenue
New York, NY 10022-
7499
212-310-2000

Compaq Computer
P. O. Box 692000
Houston, TX 77269-2000
713-370-0670

Consolidated Edison
of New York, Inc.
4 Irving Place
New York, NY 10003
212-460-4600

Coors Brewing
311 Tenth Street
NH475
Golden, CO 80401-0030
800-642-6116

Delta Airlines
1030 Delta Boulevard
Atlanta, GA 30320
404-715-2600

Diamond Shamrock
9830 Collonade Blvd.
San Antonio, TX 78230
210-641-6800

DuPont
1007 Market Street
Wilmington, DE 19898
302-774-1000

Eastman Kodak
343 State Street
Rochester, NY 14650
716-724-4000

EDS
5400 Legacy Drive
Plano, TX 75024
214-604-6000

Eli Lilly
Lilly Corporate Center
Indianapolis, IN 46285
317-276-2000

Exxon
800 Bell Street
Houston, TX 77002-7426
713-656-3636

Federal Express
P. O. Box 727
Memphis, TN 38194
901-369-3600

First Union Bank
225 Water Street
Jacksonville, FL 32202
904-361-2265

Ford
The American Road
Dearborn, MI 48121-1899
313-322-3000

General Electric
3135 Easton Turnpike
Fairfield, CT 06431
203-373-2211

General Motors
3044 West Grand Boulevard
Detroit, MI 48202
313-556-5000

Gillette
1 Gillette Park
South Boston, MA 02127
617-421-7000

Goya Foods
100 Seaview Drive
Secaucus, NJ 07096
201-348-4900

Hallmark
2501 McGee Street
Kansas City, MO 64108
816-274-5111

Hoechst Celanese
1041 Route 202/206
Somerville, NJ 08876-1258
908-231-2000

Home Savings of America
4900 Rivergrade Road
Irwindale, CA 91706
818-960-6311

Honda
1919 Torrance Boulevard
Torrance, CA 90501
310-783-2000

Honeywell
Honeywell Plaza
Minneapolis, MN 55440
612-951-1000

IBM
20 Old Post Road
Armonk, NY 10504
914-765-2000

ITT
1330 Avenue of the Americas
New York, NY 10019-5490
212-258-1000

JCPenney
6501 Legacy Drive
P.O. Box 10001
Dallas, TX 75301
214-431-0000

Johnson & Johnson
One Johnson & Johnson
  Plaza
New Brunswick, NJ 08933
908-524-0400

Kaiser Permanente
One Kaiser Plaza
Oakland, CA 94612
510-271-5910

Kellogg
One Kellogg Square
Battle Creek, MI 49016
616-961-2000

Kraft
Three Lakes Drive
Northfield, IL 60093
708-646-2000

Kroger
16770 Imperial Valley
  Drive
Houston, TX 77060
713-507-4800

Lockheed Martin
6801 Rockledge Drive
Bethesda, MD 20817
301-897-6000

McDonald's
One Kroc Drive
Oak Brook, IL 60521
708-575-3000

MCI
1801 Pennsylvania Avenue
  NW
Washington, DC 20006
202-872-1600

MetLife
One Madison Avenue
New York, NY 10010
212-578-2211

Miller Brewing
3939 West Highland
  Boulevard
Milwaukee, WI 53208
414-931-2000

Mobil
3225 Gallows Road
Fairfax, VA 22037
703-846-3000

Motorola
1303 E. Algonquin Road
Schaumburg, IL 60196
708-576-5000

NationsBank
NationsBank Center
100 North Tryon Street
Charlotte, NC 28255-0001
704-386-5000

Nestlé USA
800 North Brand
  Boulevard
Glendale, CA 91203
818-549-6000

New York Life
51 Madison Avenue
New York, NY 10010
212-576-5151

New York Times
229 W. 43rd Street
New York, NY 10036
212-556-1234

Nike
One Bowerman Drive
Beaverton, OR 97005-6453
503-671-6453

Nissan
18501 S. Figueroa
Carson, CA 90248-4500
310-532-3111

Nordstrom
1501 Fifth Avenue
Seattle, WA 98101-1603
206-628-2111

NYNEX
1095 Avenue of the Americas
New York, NY 10036
212-395-2121

Pacific Bell
130 Kearny Street
San Francisco, CA 94108
415-394-3000

Pacific Gas and Electric
77 Beale Street
San Francisco, CA 94105
415-973-7000

PepsiCo
700 Anderson Hill Road
Purchase, NY 10577
914-253-2000

Pfizer
235 E. 42nd Street
New York, NY 10017-5755
212-573-2323

Philip Morris
120 Park Avenue
New York, NY 10017
212-880-5000

Procter & Gamble
One Procter & Gamble Plaza
Cincinnati, OH 45202
513-983-1100

Prudential
751 Broad Street
Newark, NJ 07102-3777
201-802-6000

Rockwell
2201 Seal Beach Boulevard
Seal Beach, CA 90740-8250
310-797-3311

Ryder
3600 N.W. 82nd Avenue
Miami, FL 33166
305-593-3726

Sathers
Sathers Round Lake
One Sathers Plaza
Round Lake, MN 56167-0028
800-533-0330

SBC Communications
175 East Houston
San Antonio, TX 78205
210-351-2158

Schieffelin & Somerset
Two Park Avenue
New York, NY 10016
212-251-8200

Seagram
375 Park Avenue
New York, NY 10152
212-572-7000

Sears
3333 Beverly Road
Hoffman Estates, IL 60179
708-286-2500

Shell
910 Louisiana Street
Houston, TX 77002
713-241-6161

Smithkline Beecham
One Franklin Plaza
200 N. 16th Street
Philadelphia, PA 19102
800-366-8900

Southland
2711 North Haskell Avenue
Dallas, TX 75204
214-828-7011

Southwest Airlines
2702 Love Field Drive
Dallas, TX 75235
214-904-4000

Sprint
2330 Shawnee Mission
  Parkway
Westwood, KS 66205
913-624-3000

State Farm
One State Farm Plaza
Bloomington, IL 61710
309-766-2311

Sun Microsystems
2550 Garcia Avenue
Mountain View, CA 94043-
  1100
415-960-1300

Texaco
P. O. Box 1404
Houston, TX 77251-1404
713-666-8000

Texas Instruments
13500 N. Central Expressway
Dallas, TX 75243
214-995-2551

Time Warner
75 Rockefeller Plaza
New York, NY 10019
212-484-8000

Toyota
19001 South Western Avenue
Torrance, CA 90509
310-618-4000

TRW Space and Electronics
   Group
One Space Park
Redondo Beach, CA 90278
310-812-4321

U S WEST
7800 East Orchard Road
Englewood, CO 80111
303-793-6500

United Airlines
1200 Algonquin Road
Elk Grove Township, IL 60007
708-952-4000

Wells Fargo Bank
420 Montgomery Street
San Francisco, CA 94104
415-396-3053

WMX Technologies
3003 Butterfield Road
Oak Brook, IL 60521
708-572-8800

Xerox
800 Long Ridge Road
Stamford, CT 06904
203-968-3000

ÍNDICE DE LAS BIOGRAFÍAS

SOBRE LOS AUTORES

Augusto Failde es presidente de Tropix Media, Inc., una compañía en Nueva York que crea nuevas empresas de medios y programación para los mercados hispanos en Estados Unidos y América Latina. Actualmente, él y Tropix están lanzando a Latino Entertainment Television (LTV), una nueva cadena de televisión por cable para el mercado latino en Estados Unidos. Ayudó a desarrollar y lanzar varias cadenas de televisión por cable como HBO en Español, ESPN Latin America y Fox Latin America. Es licenciado de la Stanford University y tiene un *master's* en administración de empresas de Harvard Business School. Reside en la ciudad de Nueva York.

William Doyle es un escritor que reside en Nueva York, y ha ocupado cargos en gerencia de J. Walter Thompson y Time Warner.

Querido lector de *Éxito latino:*
¡Nos agradaría mucho esuchar tus opiniones! Envía tus comentarios o sólo tu dirección si deseas formar parte de nuestra lista de envíos a:

TropiX Media, Inc.
P.O. Box 1741
Murray Hill
New York, NY 10156

O envíanos un mensaje por correo electrónico a:

TropiXinc@AOL.com